神秘的漢字 ①

[日] 白川静/监修
[日] 小山铁郎/ 著
刘名扬/译

重慶出版集团 重慶出版社

版贸核渝字(2015)第151号
SHIRAKAWA SHIZUKA SAN NI MANABU KANJI WA TANOSHII by Tetsuro Koyama

Original Japanese edition published by K.K.Kyodo News

图书在版编目(CIP)数据

神秘的汉字. 1 /(日)白川静监修;(日)小山铁郎著;刘名扬译. —重庆:重庆出版社,2018.5
ISBN 978-7-229-11316-2

Ⅰ.①神… Ⅱ.①白… ②小… ③刘… Ⅲ.①汉字—青少年读物
Ⅳ. ①H12-49

中国版本图书馆CIP数据核字(2018)第015901号

神秘的汉字1
SHENMI DE HANZI 1
[日]白川静 监修 [日]小山铁郎 著 刘名扬 译

插　　画:[日]滨村祐
责任编辑:刘　嘉
责任校对:杨　婧
封面设计:严春艳

重庆出版集团
重 庆 出 版 社　出版

重庆市南岸区南滨路162号1幢　邮政编码:400061　http://www.cqph.com
重庆出版社艺术设计有限公司制版
重庆市国丰印务有限责任公司印刷
重庆出版集团图书发行有限公司发行
邮购电话:023-61520646
全国新华书店经销

开本:880mm×1230mm　1/32　印张:5.75　字数:150千
2018年5月第1版　2018年5月第1次印刷
ISBN 978-7-229-11316-2
定价:32.00元

如有印装质量问题,请向本集团图书发行有限公司调换:023-61520678

序

白川静先生是一位因成功理出汉字的系统性关联，而获颁文化勋章的卓越汉学家。本书是一本在他的指导下，以浅显易懂的方式解析汉字起源及体系的书籍。

在共同通信社的策划下，笔者频繁造访白川静先生，向其逐一请益不同汉字的起源，并以“白川静さんに学ぶ 汉字は楽しい”（白川静先生教你轻松学汉字）为题于各大报连载。本单元在连载期间获得极大的回响，许多读者表示希望能将之汇编为单行本出版。为不辜负众人期望，笔者特地以连载内容为基础改写出了本书。

白川静先生表示，日文本是相当朴素的语言，在接触到汉字后，才得以将许多概念文字化。

例如日文的“おもふ”（おもう）（译注：“想”或“认为”之意。“おもふ”为往昔写法，今多写作“おもう”，汉字写作“思う”，“ふ”或“う”为动词字根），这个词原意并不是“想”或“认为”。“おも”（译注：汉字写作“面”）指的是脸，将之动词化为“おもふ”，指的是将欢乐或悲伤“写在脸上”。接触到汉字后，“おもう”这个词才发展出更深层的意义。

汉字的“思”上的“田”象征头脑，代表

头脑里充满郁闷。“念”上端的“今”象征为东西加盖，代表压抑情绪。“怀”象征眼泪滴到死者衣襟上，代表哀悼。“想”上端的“相”象征看到茂盛的树木而心生鼓舞，也就是睹物动心。因此“想”代表“想念”他人，或为他人“着想”。

以上几个汉字，我们今天都念成“おもう”。这个原本单纯形容表情写在脸上的形容词，在接触到汉字后衍生出众多更深更广的意涵。若非如此，日文可能将永远无法获得概念化的词汇，至今仍是一种原始语言。由此可见，日本人的知性是透过汉字这个媒介才得以提升的。有鉴于此，白川静先生认为时下对汉字的日益疏离是个重大的问题。

汉字有3200年的悠久历史，不仅字种繁多，许多字的结构还相当复杂，要逐一牢记非常辛苦，想必也让许多人对汉字心怀畏惧。

但只要学到这些字的起源，就能清楚发现不同汉字其实互有关联。由于自古便是以一贯的体系构成的，理解字与字之间的关系，要牢记就不再是件难事。既无必要一一背下每个复杂汉字的写法，也能在理解有趣的汉字结构，以及使用这种文字的汉字文化圈的社会背景后，自然而然地将汉字牢记在脑海里。

本书的目的，是具体列出互有关联的汉字，并列举出其古字即示意插画，以浅显易懂的方式让不分老少的读者了解汉字的系统性。在此，我将简单谈谈当初向白川静先生请益的原始动机。

如前所述，汉字是在距今约3200年前，于定都中国安阳（河南省）的殷商王朝诞生的。最早的形态是刻在占卜用的龟甲腹部或牛的肩胛骨等上头的甲骨文。后来经过商朝到周朝时期铸在青铜器上的金文（约3000～2300年前），以及秦朝的始皇帝统一文字后制定的小篆（约2200年前），到了汉朝才蜕变成与现代汉字相近的字形（约1800年前）。

在公元100年前后，东汉的许慎将汉字做了系统性的整理，写成了《说文解字》。这本书常年被视为汉字圣典，后人也以此书为基础，编纂出许多汉字辞典。直到今日，日本仍有人以《说文解字》为蓝本编纂汉和辞典。

但是在十九世纪末的1899年，殷商时代的甲骨文为人所发掘，随着解读工作的进行，发现《说文解字》的内容实有诸多谬误。

在许慎撰写《说文解字》的时代，除了小篆，并无任何文字资料可供参考。早于小篆的甲骨文及金文，大多又深埋地底。故许慎即使想参照小篆以外的文字，也无从下手。

而在对甲骨文及金文做过缜密研究后，白川静先生对《说文解字》提出了尖锐批评，并创建出连中国也不存在的崭新汉字学体系。

白川静先生的汉字学极富系统性，一旦理解其逻辑，学起汉字必将变得易如反掌、饶富乐趣。相信只要读过几页本书内容，各位读者将对白川静先生所阐明的汉字体系惊讶不已。

目录

第一章 与【手】有关的汉字 1

[右][左][巫][塞][寻][寸][又][友][取][最][撮]

第二章 与【足】有关的汉字 7

[止][足][步][走][正][征][政][武][韦][违][卫][行][彳][辶][夊][各][客][降][陟]

第三章 与【人】有关的汉字 19

[人][从][比][北][背][尸][久][柩][大][天][夫][见][兄][光][先]

第四章 与【示】有关的汉字 28

[示][祭][际][祝][祖][租][社][土][帝][缔]

第五章 与【申】有关的汉字 34

[申][神][伸][绅][电][雷][云]

第六章 与【自】有关的汉字 39
[自][师][遣][追][官][馆][归][氏]

第七章 与【余】有关的汉字 47
[余][徐][除][道][导][叙][愈][愉][谕][输]
[舍][害]

第八章 与【辛】有关的汉字 58
[辛][妾][童][章][言][新][薪][亲][宰]

第九章 与【文】有关的汉字 66
[文][爽][产][彦][颜][凶][凶][胸][恟]

第十章 与【目】有关的汉字 73
[目][见][相][看][眉][省][直][德][媚][蔑]
[梦][薨][怀][环][还]

第十一章 与【臣】有关的汉字 82
[臣][贤][监][鉴][民][眠][望]

第十二章 与【犬】有关的汉字 89
[犬][伏][然][燃][臭][嗅][戾][器][祓][突]
[狱][献][默][状][就]

第十三章 与【矢】有关的汉字 99
[矢][知][族][至][屋][室][台][到]

第十四章 与【其】有关的汉字 106
[其][箕][旗][棋][碁][期][魌][倛][欺]
[基][弃]

第十五章 与【衣】有关的汉字 114
[衣][依][裔][袭][哀][衰][还][远][卒]
[展]

第十六章 与【羊】有关的汉字 122
[羊][祥][详][美][善][义][牺][达]

第十七章 与【隹】有关的汉字 127
[隹][进][推][唯][虽][惟][谁][应][只]
[双][获][获][隺][确][夺][奋]

第十八章 与【虎】、【象】有关的汉字 138
[虎][虍][彪][虐][剧][戏][处][象][为]

第十九章 与【真】有关的汉字 146
[真][县][县][瞋][填][瑱][镇][慎][颠]

第二十章 与【可】有关的汉字 153
[可][呵][哥][诃][歌][河]

第二十一章 与【才】有关的汉字 159
[才][在][存][戋][哉][载][裁][史][使][事]
[告]

后记 168

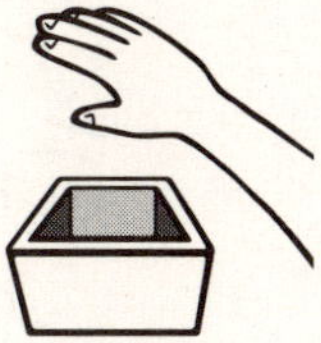

【右】右 yòu

为『手』加上『口』的字形。这『口』并不代表嘴，而是盛装祝告文的容器『𠙵』。

第一章

与【手】有关的汉字

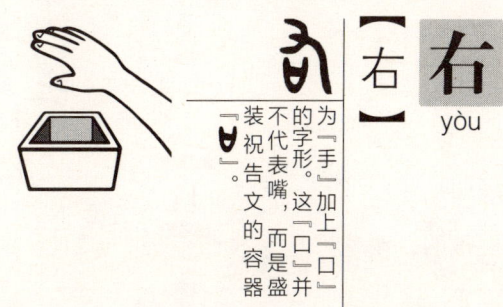

欲理解汉字成立的过程，与汉字文化圈的社会演变，最初可由与“手”有关的汉字来作说明。

“右”与“左”两个汉字，“右”的古字为“”，“左”的古字为“”。两字共同的“𠂇”，在古字中分别为“”与“”，看得出两者均是代表“手”的字形。

而“右”字的“口”，其实并不是代表嘴的“口”，而是祈神时用来盛装祝告文的容器“𠙵”（译注：根据本书，此字读音同“才”）。白川静先生最大的功绩之一，就是指出在甲骨文及金文中，这“口”并不代表嘴，而是祝告文的容器“𠙵”，将含“口”的许多汉字定义成一个新的体系。

意即，“右”字所模拟的，是以右手拿起装有祝告文的容器“𠙵”作祈祷的模样。

至于“左”字的“工”又是什么呢？其实是一种用来召唤神明的法器。“左”字所模拟的，便是以左手握起“□”这种法器的模样。

其实“𠂇”原本就代表“左”，“𠂇”就是“左”的原字。

左 zuǒ

【左】

为『手』加上『工』的字形。『工』所模拟的是一种法器的形状。

“巫”“塞”等汉字中，也含有“工”这种法器。

“巫”古字作“□”或“□”，“□”是以一纵一横两个“□”字组成的字形，乃“巫”字之原形。“□”所模拟的，则是以左右两手捧着法器“工”的模样。

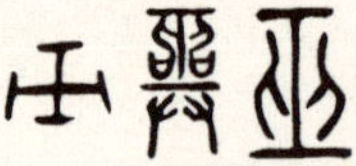

巫 wū

【巫】

模拟以双手供奉法器『工』的文字。

“塞”的古字“𡫳”，是“宀”下头堆有许多“工”。这个字代表将法器“工”封入建筑物中，借此封住恶灵。

而最初介绍的“左”“右”，也均为与祈神相关的汉字。不少字与祈神有关，是自古传承至今的汉字的一大特色。

塞
sāi
sài
sè

【塞】

代表将许多法器『工』封入建筑物中，借此封住恶灵的字形。

“寻”（尋）这个汉字中有看似“エ”“ロ”等片假名的字形，许多初学汉字的人或许为此感到不可思议。“エ”当然不是片假名，而是法器“工”。而“ロ”既非片假名，也不是代表嘴的“口”，而是盛装祝告文的箱子“𠙵”。

日文汉字“寻”的上端看似片假名的“ヨ”，只要看看繁体字“寻”上作“⺕”，便不难理解这其实是古字“又”的变形，代表的是“手”。

寻
xún

【尋】

代表『左』、『右』两手重叠的字形。

【寸】寸 cùn

由『手』（又）与『一』结合而成。代表右手伸出手指的『又』，再加上一根手指，表示一根手指的长度即为『寸』。

【又】又 yòu

右手伸出手指状。

至于下端的“寸”，只要看古字“”便可明白，同样是代表“手”的字形。

意即，“寻”这个字模拟的是左右两手作纵向重叠，代表一人右手持盛装祝告文的“”，左手持法器“”，四处“寻找”适合祭神的场所。由于这种时候需要张开双手向神作请示，便衍生出“一寻”等其他字义。

“寻”是个长度单位，指成年男子左右张开双臂，从一端指尖到另一端指尖的长度。“一寻”约相当于六尺（约1.8公尺）。

此外，右手持装有祝告文的容器，左手持法器的传统，也衍生出了右尊左卑的观念。由于左被认为较右卑下，因此遭贬官并派赴远方便被称为“左迁”或“左降”。总之“左”这个字原本带有法事的意义，较之盛装祝告文的“右”，“左”的地位较为低下。

“又”字则是右手伸出手指状，从古字便能看出，这个字与“右”字上端的“”是同一形状，不难看出“又”是如何从古字“”演变而来的。此外，“又”也是“右”的原字。日文音读作“ユウ”，日文训读则作“みぎて、また、ふたたび、たすける”（译注：依序为右手、此外、再度、相助之意）。

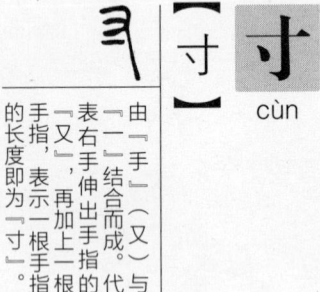

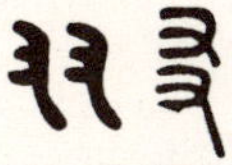

【友】友 yǒu

代表两『手』重叠的字形。

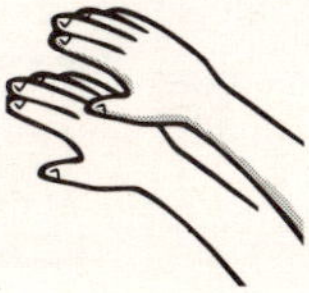

【取】取 qǔ

代表以手割取左耳的字形。

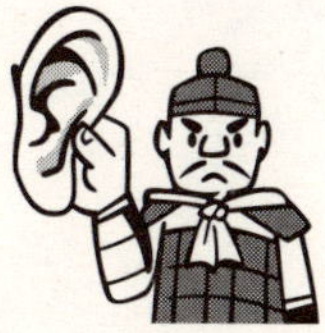

再来看看“友”这个字。“友”是由“右”的原字“又”与“左”“右”两字上端的“𠂇”结合而成的字。自其古字便可清楚看出，模拟的是两手重叠的模样，代表以手叠在朋友战战兢兢的手上以示相助，原本是个表示同族立誓结盟的兄弟情谊的汉字。日文音读与“又”同为“ユウ”，日文训读则作“とも、したしむ、たすける”等（译注：依序为朋友、友好、相助之意）。

再举一个与“手”有关的例子。

“取”这个汉字右端的“又”同样代表手的形状。从古字“”便可看出，这个字模拟的是以手割下并摘除左耳的模样。战时常以割取敌人左耳、并以所收集的耳数论功，想必是死于己手的敌方遗体过于沉重、不利搬运使然。这种割耳的行为称为“聝耳”。战士凯旋后，便将这些割下来的耳朵奉献给庙宇。或许在战场上，曾有人收集了数量过人的耳朵，自此衍生出获得一切的字义。顺带一提，割取耳朵作“聝耳”，割取首级则作“馘首”。

【最】最

zuì

代表将自战场上割取的耳朵集入袋中的字形。

【撮】撮

cuō
zuǒ

代表摘取馘耳的字形。

“最”与“撮”也是与“取”相关的汉字。“最”为将战场上取得的馘耳集入袋中之意，收集最多、立下最大功勋者，便称为“最”。

“最”的古字呈以袋子套住“取”的形状。想必是割取的敌耳多了，便得装进袋中携行。

原字为“最”的“撮”，意为摘取。日文训读作“つまむ、とる、あつめる”（译注：依序为摘、取、搜集之意），原本代表的便是摘取馘耳的意思。

由此可见，许多字与战争息息相关，亦是自古传承而来的汉字的最大特色之一。

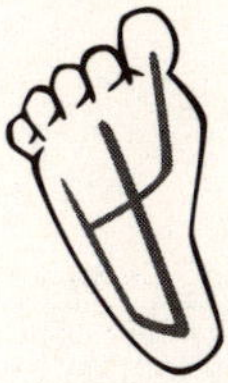

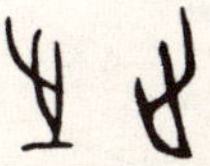

止 zhǐ【止】

象征人类脚印的字形。

足 zú【足】

『止』加上象征膝盖骨的『口』而成的字形。

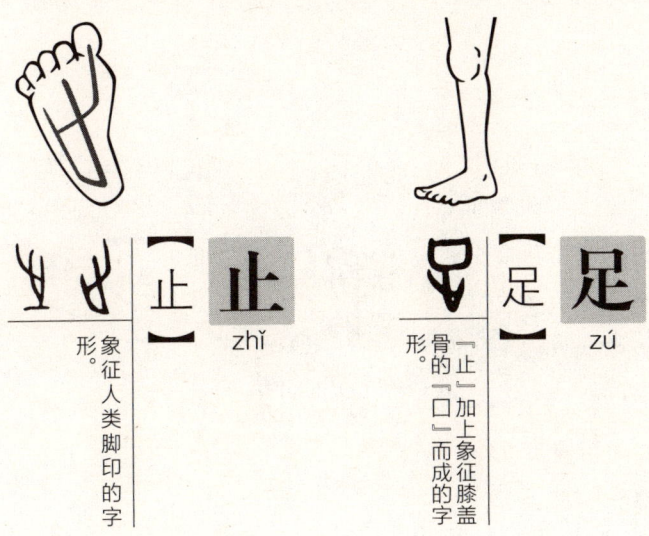

看了与“手”有关的汉字之后，再来看看与“足”有关的汉字。请各位读者先记住，与“足”有关的字的基础是古字作“ㄓ”的“止”。与“足”有关的汉字，多半是以左右翻转、横躺、或上下翻转的“ㄓ”所构成的。

由古字可以看出，“止”是个象征人类脚印的字，同时也是“足”的字源。

后来，由于“止”频频被用来形容“停止”，因此就在“止”的顶端加上一个“口”，造出了“足”字。这个“口”并不是在第一章“与【手】有关的汉字”中所提及，用来盛装祝告文的容器“ㅂ”，象征的其实是膝盖骨的形状。

步 bù

【步】

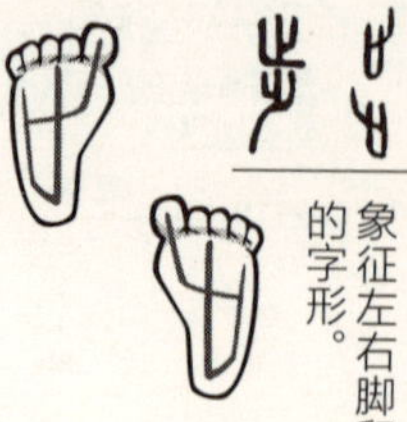

象征左右脚印的字形。

至于“步”这个汉字，从其古字“”可以看出，是由“止”的原字“”，与将其左右翻转的“”结合而成的。由此可见其形容的是左右两脚的脚印，是个直接画出步行动作的汉字。

走 zǒu

【走】

直接画出一个人摆动双臂奔跑的字形。

那么“走”又是个什么样的字呢？由其古字便不难看出，此字上方的“土”是一个人敞开双臂的形状，下方则有一个“止”。可见这是个直接画出一个人摆动双臂奔跑的汉字。

接下来，再举几个一眼难以看出与“足”有什么关联的例子。

“正”便是其中一例。“正”是由“一”与“止”结合而成的汉字。“一”的部分在古字中呈“口”，代表一座四方围有城墙的城市。

意即，“正”所形容的是“止”（脚）朝“口”（城）前进，乃进军征服敌方之意。原始字义是以武力征服敌方，以自己的意志加以“匡正”。

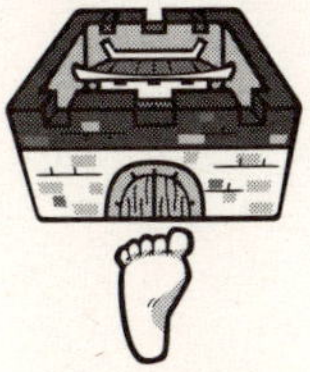

正 zhèng zhēng

【正】

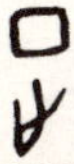

形容的是『止』（脚）朝城市前进的字形。

后来由于“正”几乎都被用来形容“正确”，因此又造出了“征”以示区别。因此“正”乃是“征”的原字。

征 zhēng

【征】

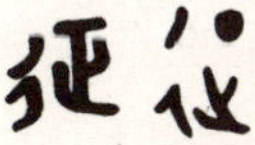

在『正』旁加上代表前进的『彳』的字形。

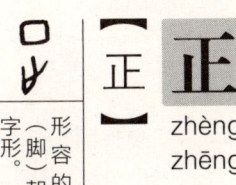

【政】

政

zhèng

持鞭抽打他人，代表匡正之意的字形。

“征”的字义之一是“征收税金”，起源于向征服得来的土地上的人民征收税金。而管理这类征税行动，便称为“政”。

“政”右侧的“攵”（攴），象征的是以手持鞭抽打他人。这点只要看看“攴”的古字“[illegible]”便不难理解。上方的“卜”代表“树枝”，下方的“又”则代表手。

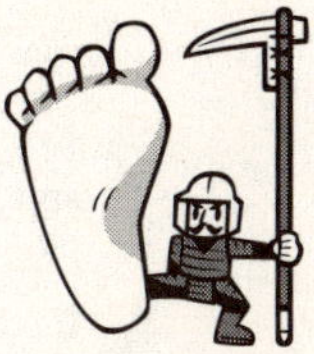

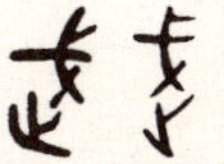

【武】 **武** wǔ

代表持『戈』迈步前进的字形。

由此可见，以武力征服敌方，并使用鞭子征税便是“政”，执掌此一职责者则称为“正”。称呼官员之长为“正”，便是源自于此。例如主水正*，或现代的检事正*、警视正*等均属此例。

因此“正义”这个词，开始并非“应实践之正道”之意，而是对为自己所征服的敌方“以统治者之道加以匡正”的意思。

此外，可再举一个与进军的“止”有关的例子。

“武”便是个结合了“戈”与“止”（脚）的字，意为持“戈”迈步前进。

*译注：

“主水正”：古日本律令制度中隶属于宫内省，负责调度宫中水、冰（古时被视为夏日珍品）及调理粥品的机关曰主水司。主水正为该机关最高官阶，位阶相当于律令官制中的从六位上。主水司内位阶由上至下依序为正、佑、令史、史声、使部、水部、水户、直丁、驱使丁。

“检事正”：日本检察官官阶之一，亦单纯称“检事”，属第四位阶，多为地方检察厅之长，负责指挥、监督该厅内之职员。检察厅内官阶由上至下依序为检事总长、次长检事、检事长、检事正(检事)、副检事。

“警视正”：日本警察官阶之一，为属国家公务员的第四位阶（其下皆属地方公务员），在警视厅或地方警察单位可能任部长或署长。警察官阶由上至下依序为警视总监、警视监、警视长、警视正、警视、警部、警部补、巡查部长、巡查。

接下来，再介绍一个含有“止”的古字横躺成的“”或“”的汉字。

这个字就是“韦”（韋）。一如“正”的古字中的“口”，“韦”中央的“口”也代表城郭。在这城郭上方加上一个朝左的“止”（脚），下方加上一个朝右的“止”（脚），就代表绕城巡视。从其古字“”便可清楚看出朝左与朝右的“止”（）。

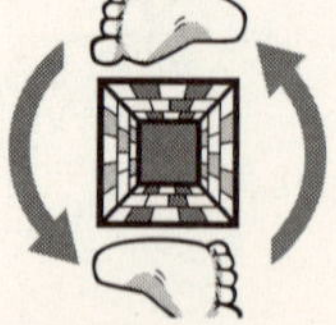

韦 wéi 【韋】

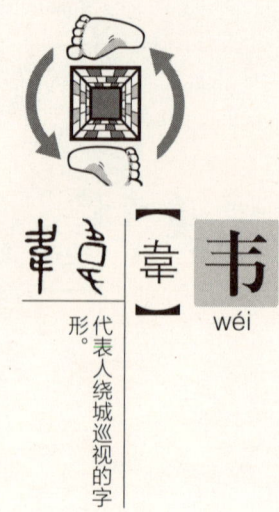

代表人绕城巡视的字形。

“韦”日文读作“イ”，由于两个“止”一个向左，一个向右，故有“不一致”之意。此外，也有“韖皮”（编注：“韖”为柔软的皮革）之意。

将“韦”加上“辶”便成了“违”。由于“止”的方向左右相反，因此代表“违背、不一致”。

违 wéi 【違】

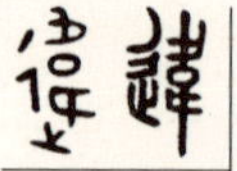

在城郭周遭加上分别朝向左右的『止』（脚），再加上『辶』的字形。

“卫”（衛）以在“行”字中嵌入“韦”而成。意为在绕城巡视，以保护、防卫城池。在古字中，也有一个以在城郭四方画上四个“止”（脚），代表借巡视防守城市的同义字。

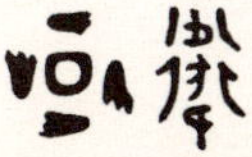

【衛】卫 wèi

代表绕城巡视以防守城池的字形。古字中也有个在四方画上四个『止』的同义字。

既然提到了“违”与“卫”，就该解释一下“行”（行部）、“彳”（彳部），与“辶”（辵部）。

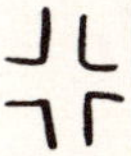

【行】行 xíng

直接沿用十字岔路图像的字形。

“行”（卝）是个直接沿用十字岔路图像的字形。以画出十字岔路四角象征两条大路交叉，由于路是供人走的，因此便有“行走”之意。

离开安全的群体后，外头的道路便是有恶灵栖身的险地，而道路交叉的十字路口，更是各种恶灵交会往来的场所。因此在这种地方，需要施以各种各样的法术。

“衒”“術”便属于这些法术。这两个字便是以在代表十字路口的“行”中嵌入“玄”“术”所构成的。

而原本代表行走的“行”，又衍生出了“泛指各种行为”的广义字义。

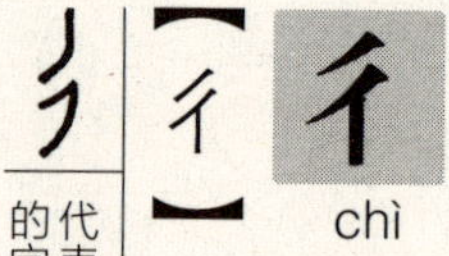

代表道路四角左半部的字形。

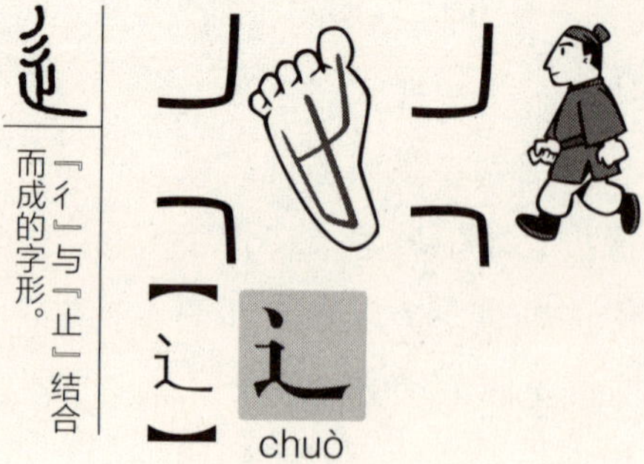

『彳』与『止』结合而成的字形。

“彳”（彳）是代表十字叉路四角的“行”的左半部，意为小路，也代表行走。

由“辶”的古字“辵”（辵）便可以看出，上半部是个“彳”，下半部则是个“止”，表示“辶”乃是由“彳”与“止”结合而成的字形。“辵”是个直接承袭古字形的部首，而“辶”则代表在路上行走。

“行”“彳”与“辶”在本书中将频繁出现，故请各位读者务必牢记。

【夂】**夂**

zhǐ suī zhōng

将『止』上下倒转而成的字形，也就是朝下的『脚』。

【各】**各**

gè

以『夂』与『口』（祝告文容器）结合而成的字形，意指神明随祷告降临。

好，现在再回到“止”（脚），介绍几个以上下倒转的“止”所构成的字形。

“夂”便是一例。

“夂”是个将“止”上下倒转而成的字形。只要略比较一下“夂”的古字“”与“止”的古字“”，便可看出两个字的差异其实仅是上下颠倒。意即，“夂”就是个上下倒转的“脚”。

若看不出两个古字之间的关联，可以试试将本书倒过来看。

由“止”倒转而成的“夂”，代表的是“下降”。

接下来，再介绍几个与“夂”有关的汉字。其中一例就是“各”。

“各”下方的“口”并不是“嘴”，而是盛装祝告文的容器“”。既然“夂”有降下之意，“各”便代表神明由天降至祝告文所在之处，原意为“降临”，后来又衍生出“到来”之意。

数位神明同时降临称为“皆”，一位神明降临便称为“各”。“各自”的字义便是由此而来的。

至于“客”这个字，则是在“宀”中加个“各”。“宀”代表灵庙，因此来到灵庙者便是“客”。“客神”一词，指的就是不同于己方神明的异族神祇。

【客】客 kè

代表客神降临灵庙的字形。

【降】降 jiàng

右端以两个『夂』重叠而成，再加上神明升降时所使用的梯子『阝』，意指神明降临。

而形容神明降临的“降”，也是个和“夂”有关的字。

由古字便可看出，右端的“夅”乃是以两个“夂”重叠而成。代表此字正好与两个“止”重叠而成的“步”上下颠倒，代表降下时的左右两脚。

至于左端的“阝”，只要看看古字“阝”，便能清楚看出其代表的是神明升降时所用的梯子。因此“阝”与“夅”合而为一，就成了一个形容神明降临的汉字。

"降"的反义字为"陟"。古字作""，原意为神明踩着阶梯升天，由此衍生为泛指登高。日文音读作"チョク"，日文训读作"のぼる、すすむ、たかい"（译注：依序为攀登、前进、高耸之意）。陟降即为"升降"之意。

至于神明升降所用的"阝"，在本书中有许多地方还会提到，故在此略作解说。

在第一章"与【手】有关的汉字"中也曾提及，汉字诞生于中国的古代王朝殷商。对殷商而言，最重要的国家大事便是祭祀与军事，因此许多汉字与神明、战争有关。

在与"足"有关的汉字中，"各""客""降"等与神明有关，"正""征""武""卫"等则是与军事有关的文字。

此外，汉字诞生的殷商时期，在时间上与日本的古代相距甚远。即使如此，白川静先生认为汉字

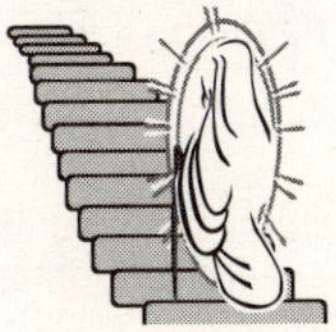

陟 zhì

【陟】

神明升降所使用的梯子『阝』加上『步』，代表神明踩着阶梯登高。

东传日本后，许多原始字义被正确地保留了下来，乃是因殷商与日本同为“沿海文化”使然。

殷商与日本同样有文身（刺青）的文化。殷人原本为中国东方的沿海民族，而太平洋沿岸的民族也普遍有文身的习俗。此外，殷商与日本也同属珍视贝（子安贝）的文化。在本书中，将继续透过白川静先生的理论，来对照日本与殷商之间共通的文化与习俗。

在此再举一例。如前文所述，“降”与“陟”的字旁“阝”（）代表神明升降所使用的梯子。白川静先生认为伊势神宫正中央的柱子上刻有供脚踩踏的凹痕，证明这也被视为供神明升降的阶梯。

此外，“客”代表异族神祇，即应邀前来的客神。白川静先生认为日本人之所以将之读作“まろうど”（まれびと，译注：宾客之意），乃是“正确的意译”。发现古日本有许多汉字读音正确地保留了原意，也是学习汉字的乐趣之一。

【人】 人

rén

象征人体侧面的字形。

只要看古字“”，便可知道“人”字是个象征人体侧面的汉字。

汉字的优点，就是仅以两个笔画，就能写出“人”这个字。与汉字同属象形字的古埃及文的“人”字，需要清楚画出五体的轮廓。相较之下，汉字的“人”就只是个简洁的线条文字，第一笔画表示头与手，第二笔画则表示躯干和腿。

笔画的简化有效提升了汉字的书写效率，这就是为何它虽为象形文字，诞生至今三千年依然是广为人所使用的实用文字的理由。

随极度的单纯化而来的线条化，对汉字的演变还起了一个不可忽视的作用，就是这线条化使“书写”成为可能，为后世的书法开启了源头。

【從】从

cóng

两人并排行走，再加上表示走在路上的『彳』与『止』结合而成的字形。

将两个“人”字并排，或将其朝反方向翻转，便可创造出许多意义不同的汉字。

两个代表人体侧面的“人”字并排行走，便是“从”，笔画单纯的古字作“[古字]”。其中“从”的部分直接承袭自古字，可见“从”便是“从”的字源。

“彳”代表十字岔路的左半边，“从”右下的部分则是“止”（脚）。

“彳”加上“止”构成“辶”，在第二章“与【足】有关的汉字”中也解释过，“辶”为在路上行走之意。“从”字的“从”以外的部分，是“彳”与“止”结合而成的字形，这字形颇接近“辶”的前身“辵”，乃是古字残存的面影。

也就是说，“从”乃是“从”加上在路上行走的“辶”所构成的汉字，原本的字义是“跟在他人后方”，后来就衍生成“跟从”之意。

【比】 比

bǐ

象征与『从』方向相反的两人并排而立的字形。

【北】 北

běi

象征两人背对而立的字形。

将两人并排的“从”翻转过来，就成了“比”（ ）。只要比较“比”的古字“ ”与“从”的古字“ ”，便不难看出两字呈相反方向。而这个字的意思，就是将两个并排的人作“比较”。

也就是说，两人朝左就成了“从”，两人朝右就成了“比”。

那么，两人彼此背对又会成为哪个字呢？答案就是“北”。

只要看看古字“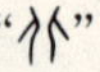”，便不难看出其所象征的，是各朝左右的两人彼此背对，因此字义就是“背”。

此外，背对着敌人逃跑称为“败北”，因此这个字也衍生出了“逃”的字义。

由于汉字诞生于北半球，视温暖的南方为正面，而诸如天子等统治者举行仪式时，均是朝南而坐。因此统治者背后的方向就被称为“北”。

后来，由于“北”字几乎都被用来形容“北方”，因此又再加上代表身躯的“月”部，造出了“背”这个字。“背”的古字为“”。

【背】 背 bèi

象征两人背对而立的『北』加上『月』部的字形。

代表人体侧面的“人”（）略倾斜，便成了“尸”字。其古字为“”，代表倒卧的尸体，后来就演变成了“尸”字。

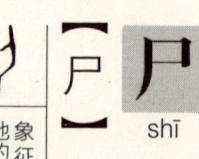

【尸】 尸 shī

象征人倒卧在地的字形。

将倒卧在地的尸体背部以木桩立起，就成了“久”（ ）。由于人死便成了“永恒的人”，因此演变出“久远”之意。

“柩”则代表将“永恒的人”置入木箱。古字为“ ”。

从“久”与“柩”两字可以看出，对古代的中国人而言，“永久”的概念乃源自“死亡”。但尸体是会腐朽消失的，为何会演变出“久远”“永久”的意义呢？

在第十九章“与【真】有关的汉字”中将详加解释，“真”是个表示人在路上倒卧死亡的字。后来这个字被转化成“真理”之意，其中也有着相同的逻辑。

白川静先生发现，与死亡或消灭有关的字，同时也代表“永久”“不灭”。其中不难窥见古代中国人在思考生死的问题时，试着从死亡中找出积极正面的意义，可见人类试图透过灵魂信仰，维护对生命的珍爱。自此，白川静先生感受到亚洲思想的丰富底蕴。

【久】 久 jiǔ

代表将倒卧在地的尸体背部以木桩立起的字形。

【柩】 柩 jiù

代表将死者（永恒的人）置入木箱的字形。

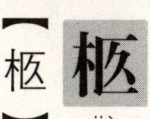

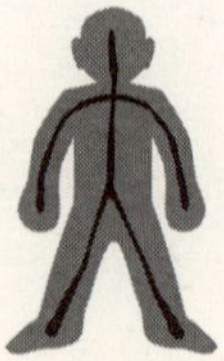

接下来，再来看看几个象征人体正面的汉字。代表一个人张开手足的汉字是“大”，古字作“”。

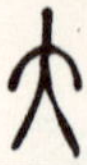

【大】 大 dà

代表人体正面的字形。

在“大”的顶端加上一个硕大的头部，便成了“天”，古字作“”。由于“天”表示人体最顶端的头部，后来又衍生出“天空”之意。

将天视为神圣的诸神居住地的想法，早在殷商时代便已存在。

【天】 天 tiān

代表人体正面的『大』加上一个硕大头部所构成的字形。

在代表人体正面的“大”字上头加上一个“一”，就成了“夫”（）。这个字模拟的是一个发髻上插有一根发簪的男人，代表举行婚礼时以簪插髻的盛装男子，因此衍生出“男人”“丈夫”等字义。夫人乃“夫之人”之意，与夫子同为不宜直接直呼对方名讳时的委婉敬称。

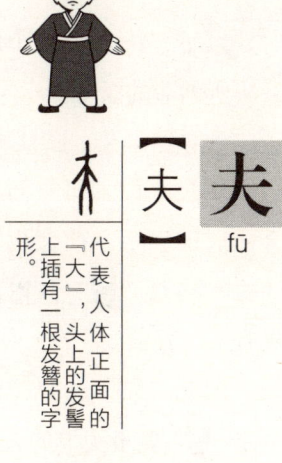

此外，“儿”也是个象征人体侧面、并为许多汉字所用的字形。以下就是几个带有“儿”的例子。

【夫】夫 fū

代表人体正面的『大』，头上的发髻上插有一根发簪的字形。

首先，介绍“见”（見）。

古字作“”，繁体为“目”下加个“儿”，是个强调观看行为的特征“目”的文字。将特征置于上方加以强调以创造新的字意，也是汉字独特的造字逻辑。

【見】见 jiàn

代表人体侧面的『儿』，顶端加上一个『目』，为一强调使用『目』的观看行为的字形。

兄 xiōng

【兄】

人（儿）的上方加上盛装祝告文的容器『口』（）的字形。

以下，将介绍几个以这种造字法所创造的汉字。

“兄”（）就是一例。

这是个以“口”与“儿”结合而成的汉字。前文也曾提及，“口”乃是“”，指盛装祈神祝告文的容器。

因此“兄”所象征的，是一个将“”置于头上的人体侧面，代表的是祭神的人。

家族祭祀多由兄弟中的长兄担当，因此一个冠上“”以强调祭祀的人，就成了“兄长”之意。

光 guāng

【光】

人（儿）的上方加上一团大火，将火加以强调的字形。

另一个例子就是“光”。这是个以“火”与“儿”结合而成的字。从“光”的古字“”便可看出，象征的是个头上顶着一团大火跪坐的人，火被冠在人的头上加以强调。火在古代被视为神圣物，似乎曾有掌管光的神职人员存在。

【先】先 xiān

人（儿）的上方加上『止』（脚）以强调『行走』的字形。

“先”也是以同样的造字法所创造的字。从其古字“”便不难理解，这是个以“止”（）与“儿”结合而成的字。借由在人的上方加上“止”（脚）强调行走，便衍生出先行的字义。

根据甲骨文的记载，由于当时认为陌生的土地中有恶灵潜伏，在殷商时代似乎曾有让异族人先行以确保路途安全的仪式。

示 【示】 示 shì

象征祭神所用的神桌的形状。

第四章

与【示】有关的汉字

“示”是许多以“礻”（示字旁）为部首的汉字所使用的字形。

“示”象征的是祭神所用的桌子的形状。经这么一说，画得的确颇为传神。其古字“示”，也和现在的字形几乎相同。

由于“示”代表祭神所用的神桌，因此使用“示”的汉字，悉数是和“神”有关的文字。

接下来，先介绍几个容易理解的字。

【祭】

祭 jì

代表以手将肉块供奉在神桌上的字形。

首先是“祭”（）。不论从其古字还是现在的字形，都很符合方才的解释。

“祭”字是由“月”“又”和“示”所组成的。“月”指的并非天上的月亮，而是肉字旁，代表一块肉。“月”上的两条横线，象征的是肉上头的筋。“又”则是在前文也数度提及的“手”。而“示”则是祭神所用的神桌。由此可见，“祭”这个字所代表的，就是以手将肉块供奉在神桌上，以进行祭神仪式。

学到这种解字逻辑后，相信各位一定会感叹从前学校怎么没这么教过。若当初是这么学的，想必一辈子都不会忘记。

【際】

际 jì

代表在神明用以升降的阶梯（梯子）的『阝』前摆放一只神桌，并以手在神桌上供奉肉块的字形。

接下来，再来看看和“祭”有关的“际”，古字作“”。

在第二章“与【足】有关的汉字”中也解释过，左耳旁的“阝”（）为神明升降所用的阶梯或梯子。因此“际”所代表的，是以手供奉肉块到神梯前的神桌（示）上，以行祭祀。

天降人间的神明，便与人在此进行接触。可见“际”这个字的原始字义，就是人神之间的“分际”。这种地方既是人神接触的场所，亦是人所能到达的极限之境，因此也衍生出代表最大限度的“边际”等字义。

现在再回到“示”，介绍其他几个“示”字部的汉字。

“祝”的古字为“祝”，其右端的“兄”指将祝告文容器“𠙵”高举头上的长兄。这在第三章“与【人】有关的汉字”中已作过说明。“兄”的左端加上代表神桌的“示”，字义乃是祈神。后来又被引申为祈神之人，最后便演变成“祝贺”之意。

祝【祝】zhù

将祝告文容器『口』高举头上的长兄，与神桌结合而成的字形。

“祖”字旁的“且”（且）代表俎（砧板）的形状。“且”的日文读音为“ショ、ソ、まないた、せんぞ、かつ”（译注：依序为且、且、砧板、祖先、而且之意）等等。

“俎”字左端为两个“人”上下重叠，与“肉”字的“冂”中的字形相同，代表两块肉片。由此可见，“且”指的是盛有供品的砧板，也就是“俎”字的字源。

这个字再加上代表神桌的“示”，便成了“祖”。因为原意为以肉品供奉祖先，因此除了“祖先”之外，也衍生出“起源、源头”之意。

祖【祖】zǔ

象征砧板的『且』与代表神桌的『示』结合而成的字形。意指供奉肉品祭祖。

【租】租

zū

象征谷物的『禾』与『且』（砧板）结合而成的字形。

在此顺带谈谈虽不属于“示”字部的“租税”的“租”（租）。“租”指的是盛在“且”（砧板）上的谷物“禾”。原本是为祭祀供奉而缴纳的谷物，后来就衍生成“租税”之意。

【社】社

shè

在地上筑起的纵长土堆『土』，与代表神桌的『示』结合而成的字形。

“社”也是个“示”字部的汉字，原字为“土”。从其古文可以看出，象征的是一个在土地上筑起的纵长土堆。这代表土主（土地神）的字形，便是“社”的原形。在某些甲骨文中，这土堆上还会添上水滴般的点，以此代表在土堆上浇酒祭神。

积土成堆，在其上举行迎神祭典，便称为“社”。点用来代表在象征神明的土堆上注酒。“土”加上一点的“圡”字亦是一例，但古字并不会仅以一点，而是以多点来代表酒。

筑起土堆举行迎神祭典的“社”，便是神社的原形。眼见日本有神社林立，大家或许认为其乃日本独有的宗教文化，但蒙古也有名为“敖包”的宗教场域，且神社也见诸朝鲜半岛。若以古汉字的字形回溯其起源，或许神社在蒙古、中国、朝鲜半岛及日本都曾普遍存在。

土

tǔ

【土】

代表在地上筑起纵长土堆的字形。

但由于“土”的字义逐渐转变为“泥土”或“大地”，因此又加上象征神桌的“示”，造出了“社”这个回归其“神社”原意的字。

由此可以推论，原本的“神社”并非屋宇，或有屋顶的建筑。由于古人认为山峦、河川、森林皆有“神”居住，因此多是在各地土主上植树祭祀。

后来开始盖起建筑，并在其内祭神，土主就演变成了“神社”。接下来，又成为以“社”维持秩序的共同体的代名词，随此衍生出“结社”“商社”“会社”等形容各种集团的词语。

除了“示”之外，还有另一个代表神桌的汉字，那就是“帝”。

“帝”指的是比“示”更大的神桌，下由左右交错、并于中央捆绑固定的桌脚所支撑。这神桌专用于祭祀地位最崇高的神祇，也就是“帝”。帝为自然神，其地位最高者便是上帝。

根据金文的记载，古人认为祖先殁后灵魂升天，奉侍上帝于左右，后来“帝”就衍生为“天子”之意。

帝 dì

【帝】 

象征比『示』更大的神桌，桌脚交叉、捆以绳索的字形。

“缔”则象征“帝”的大神桌下桌脚交叉、捆以绳索的模样，古字作“”。“缔结”等词语，便是从这“以绳捆绑”的字义衍生而来的。

缔 dì

【締】 

形容大神桌交叉的桌脚以绳捆绑。

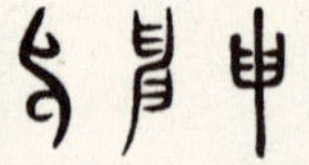

【申】

申

shēn

象征雷电弯弯曲曲的模样。

第五章

与【申】有关的汉字

介绍过代表神桌的“示”的关联字后，必须先提提与“申”有关的汉字。

由于汉字中有许多文字与神相关，在此先解释“神”这个字是如何成立的。

第一个需要提及的，就是“申”（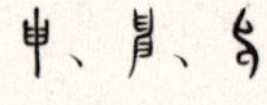）字。因为它原本就代表“神”。

每个“申”的古字，象征的都是雷电弯弯曲曲的模样。古时最教人难解与畏惧的自然现象，就是打雷。从日文作“稻妻”（译注：读作かみなり，“稻”的读音かみ与“神”同音，“妻”的读音なり与“鸣”同音）可以看出，古人将雷电视为神明显灵。由于雷电或屈或伸，倾斜地自天际蜿蜒而下，因此也衍生出屈伸或延长的字义。

“申”这个字衍生出多元的字义后，除了“神”之外，也被用来代表“延伸”或“申诉”，因此又加上一个象征神桌的“示”，造出了“神”字。

神 shén

【神】

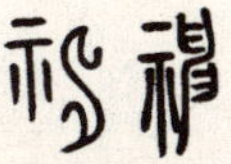

代表弯曲雷电的『申』与象征神桌的『示』结合而成的字形。

另一个“申”的关联字，则是“伸”（）。由于雷电的弯曲可令人联想到人体的屈伸，因此便加上“人”字旁作“伸”，后来衍生为广义的“延伸”之意。

伸 shēn

【伸】

代表弯曲雷电的『申』加上『人』字旁，形容人体屈伸的姿态。

绅 【紳】 shēn

『申』与『糸』字旁结合而成的字形。原本代表弯曲延伸的雷电的『申』被衍生为『延伸』之意，用以形容长而下垂的衣带。

电 【電】 diàn

代表气象现象的『雨』加上『申』而成的字形。既有『雷电』之意，也可用来形容『迅如雷电』。

“绅”（）也是同例。右端的“申”同样是或屈或伸，倾斜地自天际蜿蜒而下，因此作“延伸”之意。礼服衣摆长而下垂的宽带也作“绅”，在日文中可读作“おおおび”（译注：“おび”为“带子”之意）。

后来这个字被用来泛指身份高贵的高官贵人，也被用来形容有高度学养的知识分子。

另一个“申”的关联字是“电”。自其古字“”便不难看出，它是个由“雨”和“申”结合而成的汉字。代表雷光的“申”，在这个字里被改写成下端朝右弯曲。

这个字和“雷”“云”（雲）等一样，冠上了代表和雨或水等有关的气象现象的“雨”。既有“雷电”之意，也可用来形容“迅如雷电”。

由此可见，含有“申”的汉字均与“弯曲延伸的雷电”有所关联。欲理解汉字，最重要的就是了解汉字这种系统性的造字逻辑。

雷

léi

【雷】

代表气象现象的『雨』加上『田』而成的字形。『田』的原字『畾』为象征雷电放射模样的字形。

此外，虽不含“申”字，但在此顺带对“雷”“云”两字略作说明。

“雷”古字作“靁”或“[illegible]”，原字为“雨”加上“畾”，后来才省略成“雷”。还有个以四个田字组成的“畾”，同样是代表雷电放射的模样。此外，雷电意指“雷鸣”加上“闪电”，形容雷鸣的同时，也迸出闪电。

云 yún 【雲】

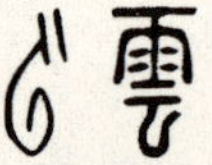

「雨」与「云」结合而成的字形。「云」代表龙卷起尾巴的模样。

至于“雲”，其下端的“云”原本代表龙卷起尾巴的形状，形容的是龙尾在飘动的云朵下昙花一现。看看其古字，再咀嚼其字义，这画出龙尾在云中忽隐忽现的“云”字是否显得有几分逗趣？“龙”是传说中具有神力的祥兽，亦是洪水之神。因此在“云”字中，就让龙的尾巴稍稍露个脸。

就古字来看，“云”便已是“雲”之意。“云”就是“雲”的原字。

后来由于“云”被转用为“说”，因此又加上代表气象现象的“雨”而成了“雲”。从“雲”这个字里带有龙尾这点来看，在汉字诞生时的古代中国，“雲”曾被视为一种活生生的生物。

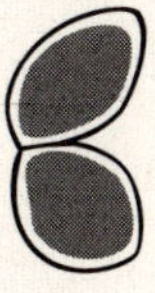

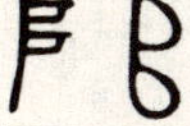

【𠂤】𠂤 duī

军队出征时所供奉的两块祭肉。

“𠂤”的日文音读为“タイ”或“シ”，意指军队出征前供奉的肉。“祭”字中也含有供奉在神桌（示）上的肉，不过这肉仅有一块。从“𠂤”的古字“𠂤”可以看出，“𠂤”字所指的肉是有两块的。

在古代的中国，军队出征时，会携带两块祈求上苍保佑的肉随行。象征此祭肉之形的“𠂤”，就是“师”（師）的原字。

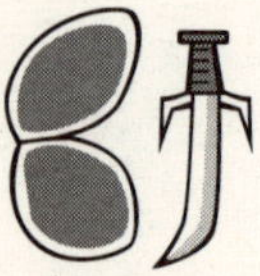

师 【師】

shī

军队所供奉的两块肉旁置有一剑。军队分开行动时，须以剑切割祭肉，供各支军队携行。

“师”（師）字则是两块祭肉旁加上一把剑。若依插画、古字、今字的顺序来看，应能清楚看出这点。

意即，右侧的“帀”，象征一把止血刀的形状。需将军队分开作战时，便以剑将祭肉切割成数块，供各支军队携行。祭肉为军队的守护神，出征时非得带上它不可。

拥有切割神圣祭肉的权限者，便是“师”。“师”多为氏族长老，退隐后又多担任指导后进的教育者。因此“师”便衍生出“老师”的字义。

【遣】遣

qiǎn

「𠳋」象征两手慎重地捧着祭肉「𠂤」的模样。加上一个「辶」，便用以形容携带祭肉行动。原为派遣军队之意。

军队携带祭肉行动，便是“遣”。“遣”的“辶”右侧的“𠳋”，从古字“”，可以看出，象征的是两手慎重地捧着祭肉“𠂤”的模样。加上一个“辶”，就成了一个代表携带祭肉行动的汉字。《字统》（译注：白川静所编纂的字源辞典）中曾提及，周朝的金文有言“唯王命明公遣三族征东国”，其中的“遣”，即为派遣军队之意。

后来，字义又衍生成了广义的“派遣”。在日文中，更衍生出“花费”之意，例如“気を遣う”（译注：费心）、“金を遣う”（译注：花钱）。

此外，“遣”加上言字部又成了“谴”。这意为“谴责”的字，也与派遣军队有关，代表的是战时在对祭肉举行的祈祷仪式中，祈求上苍对敌方“加以谴责”。

【追】追

zhuī

『𠂤』与『辶』结合而成的字形，意指手捧祭肉追击遁逃的敌军。

“追”也是个与军事有关的字，乃是由祭肉“𠂤”与代表行动的“辶”结合而成，意指手捧祭肉追击遁逃的敌军。军队行动时，总是携带供奉于军祠中的祭肉而行。由于“追”代表的是军事行动中的追击，与意指狩猎时追逐野兽的“逐”有明显区别。这两字原本仅有上述的字义，后来才衍生为泛指对一切的“追逐”。

“追”原本指的是“紧追在后”，但自古亦被引申为对存在时间较自己早的对象的“追思”。金文中亦将供养逝去祖先的孝行称作“追孝”。

【官】官 guān

『宀』（屋顶）下置有一『𠂤』的字形。形容军队将祭肉安置于神宫中。

“官”也是个与“𠂤”相关的文字。在代表屋顶的“宀”下置有守护军队行动的祭肉“𠂤”，代表作战时将祭肉安置于神宫之内。“官”亦有“官员”之意，但原本并非泛指一般官员，而是指执掌祭肉的军中将官。

卜辞中有“ 侑牛一，于官用”“贞：帝官？”“帝不官？”等句子。

侑牛一，于“官”用，乃牺牲一头牛供奉“官”之意。下一字也将提到，“官”亦为“馆”的原字。“贞：帝官？”与“帝不官？”似是以卜卦询问天帝是否将降临、并寄宿于其圣祠“官”（馆）。

白川静先生依以上数例推论，“官”乃军队供奉祭肉之圣祠“官”，应是毋庸置疑的。

馆 guǎn

【館】

安置军队祭肉的圣祠称为『官』，由于亦是供住宿者用餐之处，故加『食』字旁造出了『馆』字。

如前所述，“馆”也是个与“自”相关的字。“馆”右侧的“官”，代表军队驻屯时，将祭肉供奉于屋宇之内。安置祭肉的神圣屋宇便是“官”，为“馆”的原字。“官”既是将官们的居所，亦是供奉祭肉所代表的守护神灵、并供住宿者用餐之处，因此便衍生出了“馆”字。

“馆”自古便用来形容政府官员的公馆等建筑，后来私人的大宅邸也被称为“馆”，如今更被用来形容旅馆与博物馆等处。但一如上述，“馆”原本仅是个与军事和祭神有关的字。

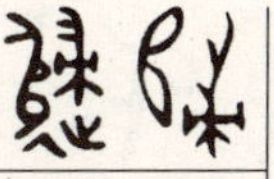

归 【歸】

guī

繁体字的『歸』由『𠂤』、『止』与『帚』结合而成，原意为军队凯旋后，将原本携行的祭肉供奉于庙宇之中，向祖先之灵报告自己平安归来的仪式。

接下来，再介绍一个与“𠂤”有关，但改用简体字“帰”的现代日本人已无从联想到的字——“归”。

仔细看看繁体字的“歸”（），便可发现这个字是由“𠂤”“止”与“帚”三个要素结合而成的。

“𠂤”为代表军队守护神的祭肉。而由于古人常以洒上酒的帚为庙宇驱邪，因此“帚”即代表庙宇。“止”在第二章“与【足】有关的汉字”中也曾说明，乃象征脚底形状的汉字，即“足”的原字，在此代表“回去”。不难想见，“归”即代表军队凯旋后，将原本携行的祭肉供奉于庙宇之中，向祖先之灵报告自己平安归来的仪式。

由此可见，“归”原指“军队归返”，后来衍生为泛指一切“归返”。

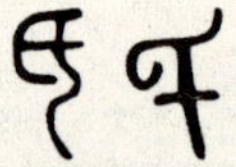

【氏】

氏

shì

象征一把带柄小刀的字形。氏族聚餐时，用以切割祭肉供众人分享的小刀，被视为氏族的象征。

最后，再介绍一个虽与“𠂤”无关，但与本章第一个介绍的“师”却关系密切的字——“氏”。

“师”右侧的“帀”，象征切割代表军队守护神灵的祭肉的剑。而自“氏”（）的古字可以看出，其所象征的是一把带柄的小刀。

氏族在祭祖仪式结束后齐聚一堂用餐时，氏族长老会以这种小刀切割祭祀过的祭肉供众人共食。这把切肉用的小刀便被视为氏族的象征，参与此类聚餐者便被称为“氏”。因此，这种小刀的形状，就直接被用来形容“氏族”。

第七章

与【余】有关的汉字

余 yú【餘】

指一种状似带柄细刀的针。

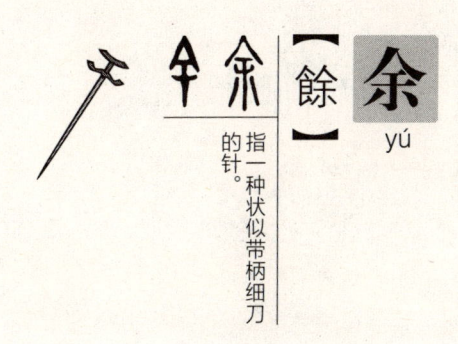

“余”字有两个截然不同的字义。第一个就是“余”的繁体字“餘”。这个字指的是食物的剩余，后来被引申为泛指一切的“剩余”。

另一个，乃是指一种状似带柄细刀的针。本章将介绍的一连串例子，都是与这种“带柄的细针或小刀”有关的汉字。

在古时的中国，常以“余”这种细长的针（或小刀）刺戳路面或地面，以驱除潜藏其中的邪气或恶灵。此外，“余”亦指医疗行为中所使用的针。

徐 xú

【徐】

代表十字岔路四角左半部的『彳』与『余』结合而成的字形。意指以长针刺戳路面驱除地下的恶灵，以确保旅途安全。

接下来，先介绍几个与用来刺戳路面或地面的“余”有关的例子。

首先是“徐”。“徐”的“彳”代表十字岔路四角的左半部（请见第二章“与【足】有关的汉字”），“余”则是带柄的长针。由此可见，“徐”的字义乃是以长针刺戳路面驱除地下的恶灵，以确保旅途安全。自此，便衍生出了“祥和、缓和”之意。

至于以长针刺戳路面驱除恶灵的仪式，便称为“途”。因此，“途”指的是业已驱除地下恶灵的道路。不过“途”这个字并没有古字，很可能是许久之后才造出来的。

除 【除】 除

chú

由象征神明升降时所用的阶梯或梯子的『阝』与『余』结合而成的字形，代表迎神前应以长针刺戳土地，以驱除邪气。

另一个例子，就是“除”。

“除”的“阝”（阝）象征神明升降时所用的阶梯（或梯子）。在迎接踩着神梯从天而降的神明前，必须先以长针刺戳土地驱除邪气。代表这种仪式的汉字便是“除”，并自此衍生出“清除”“去除”等字义。

从“徐”与“除”两个字可以看出，古时的中国人认为地下有恶灵潜伏，也认为脱离安全的族群共同体踏上旅途，是非常危险的事，因此，须先以针驱除潜藏路面下或土地下的恶灵，方能前进。

道 【道】

dào

形容人手持首级，行于道上的字形。前往异地时，须砍下异族人的首级，以首级的法力驱除潜伏于路面下的恶灵。

在此将介绍一个与“余”无关，但每个学习过白川文字学的学生一听到这说明，都惊讶得永生难忘的字，就是“道”。

“道”字为何有个“首”？我们在学习汉字时，老师从没做过任何说明，学生也不会思考字里为何有个“首”。但对这种细节进行思考，就是白川文字学的一大特征。

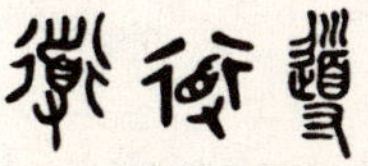

【導】导

dǎo

『道』与『寸』（手）结合而成的字形。意指手持异族成员的首级，沿途驱除恶灵以利前行。

“道”（導）的古字“”所象征的，亦是人手持首级行进的模样。金文中亦有“道”加上“又”（代表“手”）的字形。加上“手”的“道”便是“导”。而一如“又”“寸”也同样代表“手”（请见第一章“与【手】有关的汉字”）。

其他氏族盘踞的土地，或通往外界的道路，都是可能接触到恶灵的危险地区，因此走在这种“道”上时，须砍下异族成员的首级，以首级的法力驱除恶灵，以确保进路无虞。边驱邪边前进称为“导”，经过驱邪仪式的道路则称为“道”，后来便衍生出“道路”的字义。

如今看来，这种行为显得异常残酷，但当时的价值观与今日截然不同，绝不宜以今度古。不少文字反映出古时的巫术思想，亦是汉字的一大特征。

敍【叙】敘 叙

xù

繁体字『叙（敘）』右侧的『攴』，为以树枝敲打之意，加上『余』便代表以带柄长针刺破身上肿胀部位的医疗行为。

接下来再回到“余”字。一如前文所述，另一类常用到“余”的，便是与医疗有关的字。

日文汉字“叙”（敘、敍）就是一例。

繁体字“叙”（敘）右侧的“攴”，由“卜”（代表树枝）与“又”（代表手）结合而成，为手持树枝敲打之意。“叙”指的就是以带柄长针刺破身上肿胀的脓包除脓的医疗行为。

减轻痛楚便称为“叙”。例如日文中有用到了“叙”字的“叙情”（译注：意为“抒情”）这个词，意思就是“如排除痛苦般舒缓心情”，由此便衍生出“叙述”的字义。

愈 yù 【癒】

由「疒」、「余」、「月」与「心」结合而成的字形。「月」为「盘」之意，故此字代表以针除脓，将脓移至盘上的手术。

“愈”也是个与“余”有关的字。或许有点难以察觉，但“俞”里的“亼”，其实就是“余”的变形。“月”则是意为“船”的“舟”的变形，乃“盘”之意。

因此，“愈”所代表的，是以带柄长针除脓，将脓移至盘上的手术。经过这手术后，伤病将得以“痊愈”，故得此字义。不过此字原本作“愈”，“癒”似乎是后来才造出的新字。

愉 yú

【愉】

『余』、『月』（意指『盘』）再加上『忄』而成的字形，意指『借由以针除脓的手术舒缓情绪』。

“愉”意指借由以针除脓的手术舒缓情绪，由此又衍生出“愉快、愉悦”的字义。

谕 yù

【諭】

『余』、『月』（意指『盘』）再加上『言』而成的字形，意为如治病般以言语匡正他人的错误。

“谕”同样是个与以针除脓治疗伤病有关的汉字，意为如治病般以言语匡正他人的错误，由此又衍生出“教导、告诫、劝诫”之意。

【輸】

输

shū

『余』、『月』（意指『盘』）再加上『车』而成的字形。透过以带柄长针除脓，并将脓移至盘中的医疗行为，衍生出『移送』的字义。

另一个也属于此一字系的例子，就是“输出”“输入”的“输”。这个字也代表以带柄长针除脓，并将脓移至盘中的医疗行为，由此衍生出“移送”的字义。

经过以上说明，可以发现包含代表带柄长针（或小刀）的“余”的字形，字义可分为以“余”刺戳土地驱除恶灵，以及以“余”进行治疗行为两种。

换句话说，一种是以“余”驱邪的巫术仪式，另一种是以“余”进行外科手术的医疗行为。从“余”这个字的意义，可以看出巫术与医术在远古时代的关联。

透过巫术驱邪，可带来祥和；透过医术去除脓血，则可舒缓情绪。

总之，透过“余”这个汉字，不难窥见古代中国不仅是个巫术宰制的世界，同时也为祭祀大量宰杀动物祭神，或许借此获得了解剖学或外科医学方面的知识。

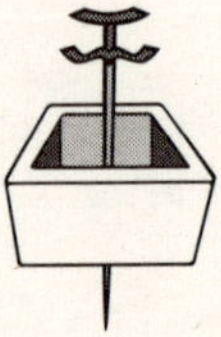

舍【捨】

shě

原字为『余』、『口』（）与『扌』结合而成的字形。代表以长针刺穿盛装祝告文的容器『』，以消除祈祷的法力。

接下来，再解释另一个与“余”有关的字。

这个字就是“舍”（）。右侧的“舍”下方的“口”并不是“嘴”，而是盛装祝告文的容器“”。

日文汉字“舍”右侧上方的“仐”则是“余”，在繁体字“舍”里写作“仐”，这个“仐”已十分接近“余”。由此可见，“舍”代表以长针刺穿盛装祝告文的容器“”，以消除祈祷的法力，即舍弃祈祷的效果。后来衍生为泛指一切“舍弃”。

再来谈谈一个从繁体字，便可清楚看出与“余”有关的字——“害”（）。

【害】 害

hài

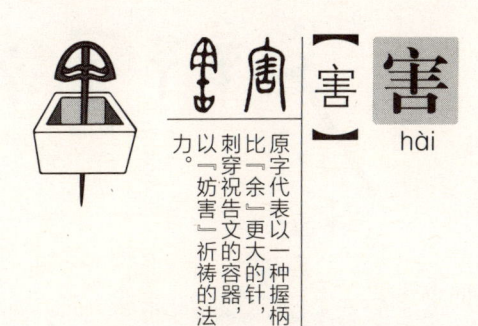

原字代表以一种握柄比『余』更大的针，刺穿祝告文的容器，以『妨害』祈祷的法力。

从其古字可以看出，“害”形容的是以一种带有比“余”更大握柄的针，刺穿盛装祝告文的容器“”。

以针贯“口”（）使其失效，以阻止祈祷效果成真便是“害”。由此又衍生出“损害、灾害”等字义。

仔细观察繁体字的“害”，可发现针头于下方突出。但日本现用的常用汉字的“害”，针头则是断了，根本无法刺到下方的“口”（）。

白川静先生在其著作《常用字解》中，曾在提及“害”字时写道：日本制定常用汉字的简体化，将“害”变成了“无害”。

令人困扰的是，由繁体字尚可看出“舍”“害”等字的原意。但从如今所使用的简体“舍”“害”，根本无从理解其起源。

白川静先生曾言，“战后所进行的汉字改定，毫无理由地变更字形，使文字失去了原有的意义”，对此甚是愤慨。

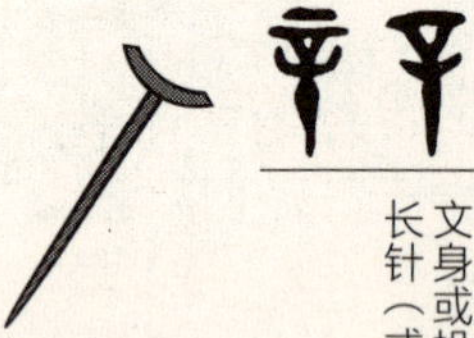

【辛】辛

xīn

文身或投掷用的带柄长针（或刀）。

“辛”（）也和“余”一样，是个代表带柄长针（或刀）的字。不同的是，这种针主要是用来文身或投掷的。日语训读除了作“はり”（译注：针），亦读作“つらい”（译注：辛苦）、“からい”（译注：辣味），可见“辛”原本形容的是文身时的痛楚，由此又衍生出“辛苦、艰辛”等字义，又进一步用来形容“辛辣”。

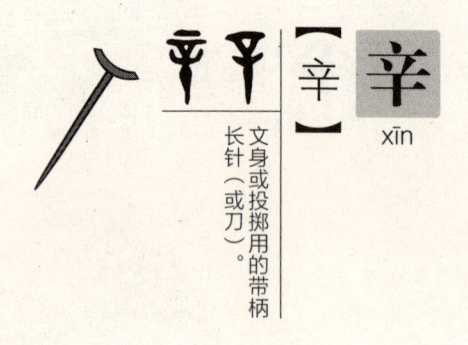

妾 qiè

【妾】

文身用的针『辛』与『女』结合而成的字形。原指因犯罪而受额头刺青之刑的女性。

文身用的“辛”又衍生成不少汉字。由文身用的针“辛”与“女”结合而成的“妾”（ ）便是一例。

“妾”原指因犯罪而受额头刺青之刑的女性。由于此类罪行本指对神明的冒犯，故为了赎罪，所有罪人都被贬为侍奉神明的奴仆。

童 tóng

【童】

「辛」、「目」、「东」与「土」结合而成的字形，意指因罪遭受以「辛」在眼睛上方刺青之刑的男性。

女性罪人为“妾”，男性罪人则称为“童”（）。从其复杂的古字可以看出，这个字由上至下分别是“辛”“目”“东”与“土”，形容的是因罪而遭受以“辛”在眼睛上方刺青之刑的男性。

由于受刑人头发不得扎髻，因此同样不扎髻的小孩便被称为“童”。后来，“童”也衍生出了“儿童”的字义。

某些罪人被贬为奴隶、奴仆，甚至农奴。这些罪人劳动时哼唱的歌曲便是“童谣”。由此可见，当时的“童谣”所指的并不是现在的儿歌，其中其实带有巫术时代的恐怖色彩。

章 zhāng

【章】

在文身用的针『辛』的尖端，加上一滴墨水的字形。

“章”（）是在文身用的针“辛”的尖端，加上一滴墨水的字形。

现用字中央的“日”的部分，就代表那滴墨。以这墨水雕画的文身（刺青）之美，赋予了“章”字“鲜明、艳丽”的字义。

文身除了被使用在“妾”“童”等刑罚中，在成年礼或社会生活中也被当作彰显身份的标记。作为成年礼或社会身份印记的文身文化，在汉字的演变史上极为重要，将于别处另作说明。

从现用的“言”（）字或许难以辨识，但从古字可明显看出，这是个由“辛”与“口”（）结合而成的字形。代表的是将文身所用的针“辛”放置于祝告文容器“口”（）上，向神起誓所说的言语。起誓的内容若是得不到神明的“信任”，便愿承受墨刑。

常被并用的“言语”两字，“言”指的是攻击性的言语，“语”指的则是防御性的言语。每逢战时，在实际发生战斗前，双方会先进行口头上的声讨。想必攻击性的“言”和防御性的“语”，就是在这种时候发挥作用的。

接下来，再介绍几个以投掷用的针“辛”为基础的文字，例如“新”“薪”“亲”等。但在详细说明这些汉字前，先向各位叙述一段白川静先生曾提起的关于“亲”字的有趣故事。

已经是八十多年前的往事了。在白川静先生还是小学生时，老师是这么教“亲”这个字的：

“想必你们放学后都不马上

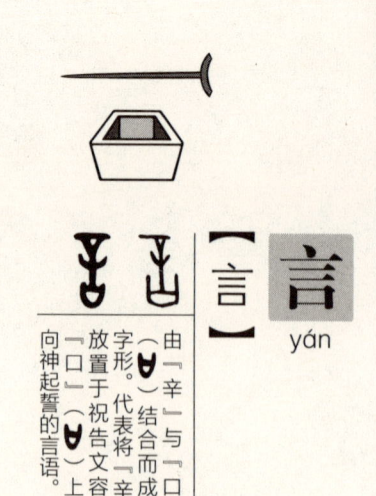

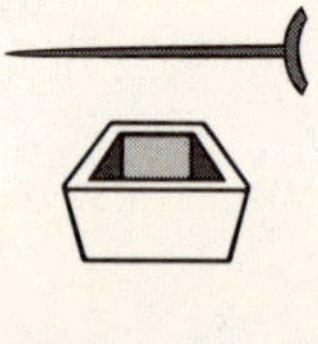

言 yán

【言】

由『辛』与『口』（）结合而成的字形。代表将『辛』放置于祝告文容器『口』（）上，向神起誓的言语。

回家，先在外头玩昏了头。'亲'这个字所象征的，就是爸妈担心孩子迟迟未归，爬到树上搜寻你们踪影的模样。"

"这解释的确有点道理。"白川静先生笑道，不过又表示："但并无法解释和这个字相近的'新'或'薪'是如何演变来的。"

将"亲"这个字与相近的"新""薪"作系统性的说明，就属于文字学的领域了。虽能解释一个字，但要将所有汉字作系统性的说明，是非常困难的事。但白川静先生不畏艰难，成功达成了此一壮举。

在说明"亲"之前，必须先从"新"（）开始解释起。

从古字来看，"新"是由"辛""木""斤"结合而成的。这个字所指的，是制作亲人的牌位时，选择新树的仪式。只要掷出"辛"，刺到哪株便选用之。

新 xīn

【新】

由『辛』、『木』、『斤』结合而成的字形。为制作牌位掷出『辛』，择其刺中的『木』以『斤』伐之。

薪 xīn 【薪】

以“斤”砍下“辛”所刺中的树，便是“新”。由此，便衍生出“崭新”的字义。这种时候，被选为神木的树则为“薪”。这株刚砍下的树在祭典上也被当成“柴”，也就是“薪”燃烧。

接下来，就来谈谈“亲”（）。

亲 qīn 【親】

由『辛』、『木』与『见』结合而成的字形。意为两眼凝视以掷『辛』选上的『木』雕成的牌位膜拜。

“亲”（親）是由“辛”“木”与“见”结合而成的，为两眼凝视着新木雕成的牌位膜拜之意。这新的牌位多为“父母”的牌位，由此衍生出“双亲”的字义。而膜拜这种牌位的多为亲族，由此又衍生出“亲近”的字义。

白川静先生的“字说”，便是建立在这种可解释同一系统文字的逻辑上。

 【宰】 宰

zǎi

『宀』与『辛』结合而成的字形。此处的『辛』乃一种带柄的弯刀，即切割祭肉所用的菜刀。『宀』代表宗祠，故此字所指，乃是在宗祠内负责切割祭肉的长老。

最后，再介绍另一个与带柄小刀“辛”有关的例子。

“宰”()是由“宀”与“辛”结合而成的。“宀”代表宗祠，此处的“辛”则是一种带柄的弯刀，也就是切割祭肉所用的菜刀。

在宗祠里切割祭肉是长老的职责。在祭祀时负责此一工作的人，就称为“宰相”。因此日文中才被读作“サイ、つかさどる、おさ、おさめる”(译注：依序为宰、宰制、主宰、宰治之意)。

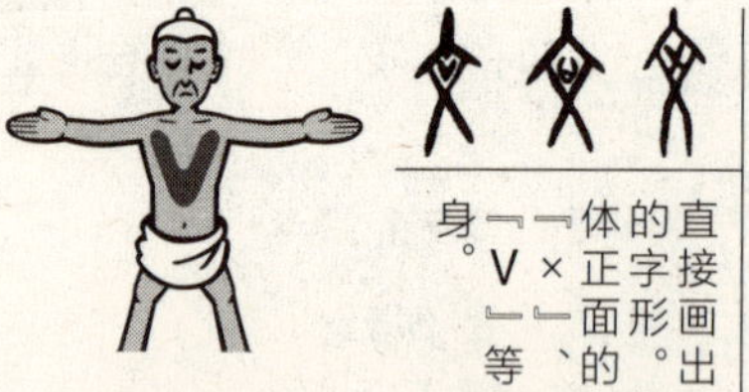

【文】文

wén

直接画出文身形状的字形。代表在人体正面的胸部纹上「×」、「心」或「V」等图样的文身。

第九章

与【文】有关的汉字

如前所述，“文章”这个词中的“章”，指的是文身用的针“辛”的尖端，加上一滴墨水的字形（参照第八章“与【辛】有关的汉字”），而“文”也是与文身有关的字。本章中介绍的与“文”有关的汉字，全都是与文身（刺青）有关联的。

首先，“文”这个字就是直接画出文身的形状。上图所列举的几个古字（、、），均代表在人体正面的胸部文上“×”“心”或“V”等图样的文身。这些都是以红色等色彩画上的暂时性彩绘，目的是防止死者的灵魂脱离躯体、祈求其复活，或防止恶灵入侵其遗体。

白川静先生明确指出，“文”是个形容文身之美的字，“文章”的原意，则是形容如文身般美丽的色彩。

文身的方式有许多种。有以红或黑的墨水在身上描绘的暂时性彩绘、以针刺皮并将墨水注入皮下的刺青，以及刮伤皮肤以在其上留下特定图样伤痕的瘢痕（编注：疤痕）。采用哪种方式，得依据文身的目的而定。

【爽】

爽

shuǎng

由『大』与『㸚』结合而成的字形，象征为防止恶灵入侵一具妇女遗体，故在其左右乳房以鲜艳红墨画上『㸚』形彩绘的模样。

通常，文身是在诸如诞生、成年礼、结婚，或死亡等，社会阶级或年龄阶级发生改变时因仪式需要而进行的。以墨刑为刑罚，或以瘢痕装饰身体等习俗，在原始社会里十分常见。

由于“文”是将遗体神圣化的彩绘，推论其颜色应为红色。而“章”指的是文身用的针“辛”尖端沾有墨水，因此颜色应为黑或蓝。

有了这些认识后，接下来将解释一系列与“文”有关联的汉字。

首先是“爽”（）。

这个字是由“大”与“㸚”结合而成的。从古字与今字均可看出，象征为防止恶灵入侵一具妇女遗体，故在其左右乳房以鲜艳红墨画上“㸚”形彩绘的模样，原意为“如文身般鲜艳”。

【產】产 chǎn

由『文』、『厂』与『生』结合而成的字形。『文』指文身（刺青），『厂』指额头，代表在刚出世的婴儿额头以红或黑色墨水作临时性彩绘的仪式。

接下来是“产”。从繁体字“產”可以看出，这个字是由“文”“厂”与“生”结合而成的。“文”指文身，“厂”则代表额头的形状，代表在刚出世的婴儿额头上以红或黑色墨水作临时性彩绘的仪式，便称为“产”。

为防止恶灵侵袭刚出世的婴儿，古人会在其额头画上“×”等形状的印记。

日本也有在婴孩出生时，于其额头写上文字的仪式，称为“绫子”（译注：日文原文书中以片假名作“アヤツコ”，通常以平假名写作“あやつこ”，亦作“阿也都古”）。“アヤ”（译注：即“阿也”之读音）为“あやしげ”的略称，意为“妖魔”。这仪式的目的，也是防止恶灵入侵婴儿体内。

从繁体字的“產”，可以明显看出此字与文身的关联。但从日本现用的简体字“产”则无法窥知。

彦 yàn

【彦】

繁体字的『彦』是由『文』、『厂』与『彡』结合而成的字形。『彡』为形容美丽的符号字。意指额头上施以美丽彩绘、经历元服仪式的男子。

下一个字则是“彦”。

繁体字的“彦”是由“文”“厂”与“彡”结合而成的，“彡”是个形容美丽的符号字。男子年届一定年龄时，须在额头画上美丽的彩绘，举行称为“元服”（译注：中国、朝鲜、越南及日本传统的成年礼。日本奈良时代后普及。年届十一至十六岁的男子，须结髻、换装、戴乌纱帽，并戒乳名改用实名。）的仪式。经历此一仪式的男子便称为“彦”，读作“ゲン、ひこ”（译注：依序为“彦”字之日文音读与日文训读）。从日本现用简体的“彦”，也不再能看出这个字与文身的关联。

颜 yán

【顏】

繁体字的『颜』是由『彦』与『頁』结合而成的字形。『頁』为仪式中作膜拜之姿的人的侧面。意指被施予美丽文身、神情严肃地接受成年礼的男子的『脸』。

从繁体字“顏”，可以看出这个字是由“彦”与“頁”结合而成的字。“頁”所象征的，是仪式中作膜拜之姿的人的侧面。

意即，“颜”原本的字义，是年届一定年龄的男子被施予美丽文身，神情严肃地接受成年礼的“脸”。

从日本现用的简体字“颜”，也不再能看出其中有任何与文身相关的意涵。

凶 xiōng

【凶】

由『凵』与『×』结合而成的字形。『凵』代表胸部的形状，故此字代表在人体胸部以红墨画上×形的印记。

凶 xiōng

【兇】

『凶』与代表人体下半身的『儿』结合而成。借强调『凶』，形容有恶灵附体者。

接下来要说明的是“凶”（）。这是个由“凵”与“×”结合而成的字，“凵”象征胸部之形，故此字代表的，是在胸部以红墨画上 × 形的图案。

人死后，于其胸部画上 × 形图案，以防止恶灵入侵遗体，便是“凶”。

因为这是在死亡时进行的仪式，带有凶险、不吉的意涵，因此“凶”便代表“凶事、灾厄”。

“凶”（）则是“凶”与“儿”结合而成的字。“儿”代表人的下半身，因此这个字强调的，是位于“儿”上方的东西（参见第三章“与【人】有关的汉字”）。

在胸部画上“×”形的彩绘以封印恶灵为“凶”，而有恶灵附体者即为“凶”，日文读作“わるもの、わるい、おそれる”（译注：依序为恶人、邪恶、惧恐之意）。

【胸】 胸 xiōng

「凶」、「勹」与「月」结合而成的字形。「勹」象征完整人体的侧面，再加上代表身体部位的「月」字旁，便有「胸部」之意。

【恟】 恟 xiōng

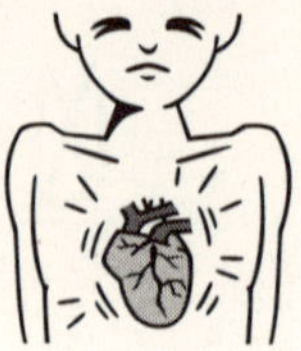

「凶」、「勹」与「忄」结合而成的字形，意为胆战心惊。

代表画有“×”的身体部位的“胸”（ ）字中，也有个“凶”字。

“胸”右侧由“凶”与“勹”结合而成。“勹”象征完整人体的侧面，“凶”与“勹”结合而成的“匈”，即为“胸”的原字。

由于“凶”乃“凵”（胸）上画有“×”的巫术法印，因此“凶”除了“凶事”之外，亦代表施以法印的身体部位“胸”。

“凶”加上代表人体侧面的“勹”，再加上代表身体部位的“月”（肉字旁），便成了“胸”。

与“凶”属同一系统的字，全都带有凶事的意涵。从“胸悸”等词可以看出，此字在日文中大多也与凶事有关。

最后，再举一个例子——“恟”（ ）。

这个代表“恐惧、提心吊胆”的字，是由“胸”的原字“匈”加上“忄”而成的。由于恐惧、提心吊胆时，胸部会感受到阵阵心悸，因此作“恟”。看得出此字同样带有“凶事”的意涵。

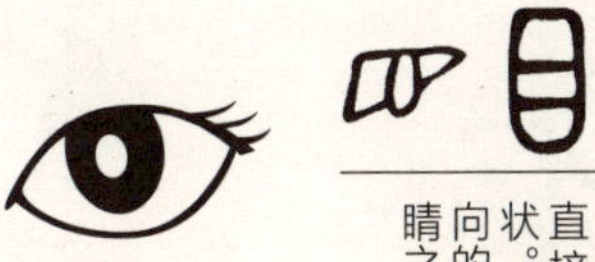

【目】

目

mù

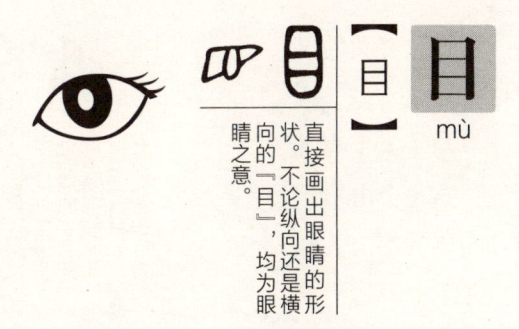

直接画出眼睛的形状。不论纵向还是横向的『目』，均为眼睛之意。

第十章

与【目】有关的汉字

显而易见的，包含纵向的“目”字旁的“见”“相”“眉”“省”“直”等字，都是与“目”有关的汉字。其实包含横向的“目”的“德”“蔑”“怀”“环”等，也同样与“目”有关。

“目”的古字“罒”，是写成横向的。想想这也是理所当然，人类的眼睛原本就是横着长的。汉字本为象形文字，“目”本来就该写成横向。然而，今字却成了纵向。

“目”是人类用来接触外界的首要器官。以双眼看，是人类面对观看对象的最初行为。因此“目”的相关字，带有与观看对象进行精神上的交涉的意涵。不仅是纵向的“目”，横向的“目”也是如此。先有这点体认，对理解与“目”有关的汉字甚有帮助。

见 jiàn 【見】

由『目』与『儿』结合而成的字。在代表人体腿部的『儿』上方冠上『目』，强调以眼观看的行为。

第一个与“目”有关的汉字，就是“见”。

如第三章“与【人】有关的汉字”中所述，这是个由“目”与“儿”结合而成的字。为强调其意而在“儿”上方冠上形容特征的字形，这是汉字特有的造字逻辑，“见”也是借由在“儿”上方冠上“目”，强调“观看”的行为。

相 xiāng 【相】

形容以『目』观『木』的字形。

接下来就是“相”（）。这是个形容以“目”观“木”的字形。以“目”观看，带有与观看对象进行精神上的交涉的意涵，“相”这个字尤其是如此，代表的是树木旺盛的生命力，帮助观者壮大一己之生命，因此亦有“相助”之意。由于树木与人的生命产生相互关系，因此又衍生出“相互”之意。

从古字来看，“看”是个由“手”与“目”结合而成的字形。可见“看”的字义，就是以手掩在眼睛上“观看”。

“看”有以手遮眉眺望之意，亦有仔细观看之意。

因此，仔细观察对象、看穿其真面目，称为“看透”。从头看到尾、看出真相，则称为“看破”。

【看】看 kàn

以手掩在『目』上眺望远方，或仔细观看。

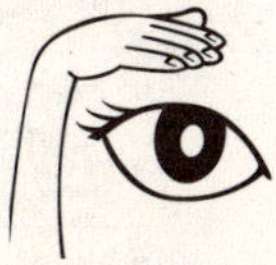

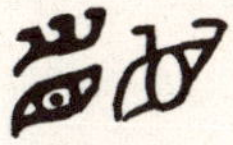

【眉】眉 méi

代表为施法而在『眉』上加上的装饰，或指加以此装饰的眉毛。

接下来，是“眉”（）这个字。“眉”与接下来将介绍的“省”“直”“德”“媚”“蔑”“梦”与“薨”这一连串汉字，有着极为重要的关联。

从古字不难看出，“眉”就是在“目”上端加上“眉毛”。所指的不单纯是“眉毛”，其上端的图样其实是为法术而加上的装饰。“眉”原本的字义，就是为了强化法力而加上装饰的“眉毛”。请仔细观察“眉”的古字，并将这点牢记在心。

【省】 省 shěng xǐng

『目』与『少』结合而成的字形。『少』乃是为增强法力而加装于眉毛上的装饰，故有佩戴眉饰四处巡查之意。

直 zhí 直

『省』与『乚』结合而成的字形。『乚』为竖立围墙之意，故立起围墙『省』之，有秘密调查不法并加以匡正之意。

“省”（）是在“目”上方冠以“少”而成的汉字。从“少”的今字或许难以看出，但其古字所象征的，是加在眼睛上方的装饰。意即，“少”乃是为增强法力而佩戴于眉毛上的装饰。

以为了增强法力而加装眉饰的眼睛巡查一地、四处执法，便称为“省”。后来，又衍生出检讨自己行为的“反省”，与去除一切多余的“省略”等字义。

“直”（直、）是“省”加上“乚”而成的字。“乚”为竖立围墙之意。佩戴眉饰巡查一地、四处执法的“省”，加上象征竖立围墙的“乚”，代表“直”乃是秘密调查不法，并加以匡正之意。

德【德】

dé

「十」加上横向的「目」的部分，与「十」加上纵向的「目」的「直」（直）去除「乚」的部分完全相同，再加上代表行走的「彳」与「心」而成的字。意指佩戴眉饰巡查者内心的仁德。

“德”（）字中的“彳”代表十字路口的左半侧，乃“行走”之意（参见第二章“与【足】有关的汉字”）。“德”字的“彳”与去除“心”字的“”这部分，在古字中与“省”“直”（直）的“”几乎呈同一形状。

由此可见，“德”所指的，亦是以佩戴眉饰增强法力的双眼巡查各地的行为。

这种法力，使负责此类巡查者自觉内心应有仁德，便衍生出“品德”的概念。

【媚】媚 mèi

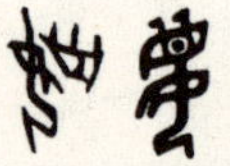

指佩戴眉饰的巫女。

【蔑】蔑 miè

佩戴眉饰的巫女加上戈，形容将媚女屠杀殆尽的字形。

其他还有许多字，也与佩戴眉饰的“目”有关。

先来介绍的就是“媚”（）这个字。“媚”所指的，是佩戴眉饰的巫女。作战时，须立佩戴眉饰的媚女数千名于先头，向敌方施以巫术攻击，或可视之为巨大的怒目瞪视。在古时的中国，似乎曾有实际开始战斗前，先以加装眉饰的眼睛怒视敌方，意图以眼睛的魔力压倒对手，或以口语相互攻击的口伐（参见第八章“与【辛】有关的汉字”中“言”字的解释），接着再实际以武器兵戎相见的习俗。

由于媚女是美丽的魔女，由此便衍生出“娇媚”的字义。

一个与“媚”相关的例子，就是“蔑”（）。战事结束后，为断绝其法力，败方的媚女常率先遭到赶尽杀绝。屠杀媚女的行为便称为“蔑”。因此其古字乃由佩戴眉饰的“媚女”与“戈”组合而成。若欲更详细解释，“蔑”是由“”与“伐”结合而成的字形，“伐”所象征的，是以“戈”斩“人”之首的模样。

因此“蔑”日文读作“ない”（译注：无），代表“轻视、无视”对方的态度，并由此衍生出轻蔑、侮蔑、蔑视等词。

梦 mèng

【夢】

形容佩戴眉饰的巫女（媚女），以法力在人的夜梦中现身的字形。

许多与“蔑”同样在上半部有个“**苜**”的，都是与“媚女”有关的文字。最容易联想到的，就是“夢”（夢）字。

“夢”上方的“**苜**”，代表的就是佩戴眉饰的巫女（媚女），下方的“夕”则为夜晚之意。由此推论，古人认为巫女可操神弄鬼，并在人的夜中现身，故称此为“夢”。

薨 hōng【薨】

意指地位尊贵者受媚女操弄的梦魔侵扰而死。

怀 huái【懷】

象征泪水自横向的『目』滴垂至『衣』上的字形。

另一个包含“𦫵”的汉字，就是“薨”（），乃地位尊贵者死亡之意，日文读作“コウ”。同时，“薨”亦指受梦魔侵袭而死。看来地位尊贵者，似乎常有受梦魔侵扰的危险。

不仅许多汉字与神鬼或军事有关，与巫术相关的字也不在少数。看来与“眉”相关的字，几乎都带有这方面的意涵。

最后，再介绍几个与“佩戴眉饰的『目』”无关，但仍与“目”有关的字。

首先是“怀”（）。繁体字“懷”右端的“褱”中有个“罘”，象征“目”垂泪的模样，古字作“”。但在现代日本的简体字“懐”中，就看不出垂“泪”这典故了。其下则是个“衣”。

意即，“怀”形容泪水滴垂到死者的衣襟，意指哀惜。由此，便衍生出“怀念”之意。

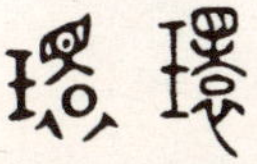

环 【環】

huán

繁体字右端的『睘』代表在死者衣襟上，放置一只增添死者灵力的玉，再加上一个象征生命的『目』（横向）而成的字形。

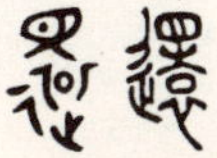

还 【還】

hái
huán

形容在死者身上放置一只玉，再画上一个『目』以祈求死者复活的『睘』，再加上一个代表『行走』的『辶』而成的字形。

繁体字“環”（）右端的“睘”代表在死者衣襟上，放置一只增添死者灵力的玉（今字作“口”形），其上再画上一个象征生命的“目”，象征的是祈求亡者死而复生的仪式。

这种仪式中使用的玉，便称为“环”。由此，衍生出“玉环”的字义，也因这玉呈圆形，进一步衍生出“环绕”之意。

一个与“环”相关的字，就是“还”（還）。一如前述，“睘”有在仪式中祈祷亡者“复活”之意，再加上代表“行走”的“辶”，便有了形容归返的“返还”之意。

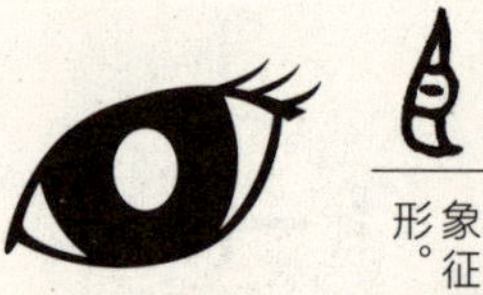

象征硕大眼睛的字形。

【臣】 臣 chén

第十一章

与【臣】有关的汉字

介绍完与“目”有关的汉字后，必须先谈谈与“臣”有关的汉字。

今字的“臣”与“目”看似形状有别，但从古字便可看出，“臣”的古字“”，仅是将横向的“目”的古字“”改为纵向。

这么一改，便成了一个硕大的眼睛。意即，“臣”也是个与“目”有关的字。

在古时的中国，侍奉神明的神职人等中，不乏自愿废除视力者。如此侍奉神明者，称为“おみ、けらい”（译注：依序为御神、家来［日本封建时代的家臣］之意）。

有不少文字包含这个“臣”字，接下来将介绍几个例子。

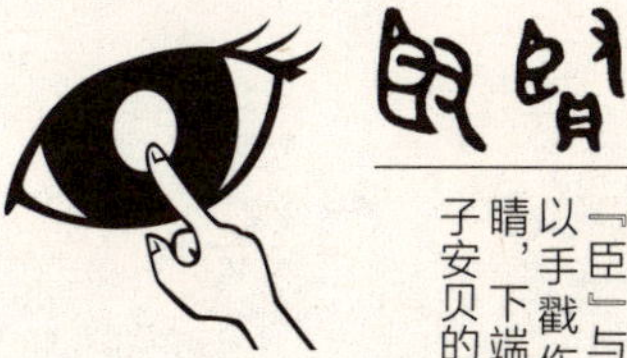

【賢】贤

xián

『臣』与『又』代表以手戳伤硕大的眼睛，下端再加上一个子安贝的字形。

首先介绍的是“贤”（）。

如前文所述，“贤”（賢）字的上半部“臤”（古字“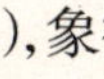”），象征以“又”（手）置入“臣”（硕大的眼睛），意指以手戳伤眼睛。以手戳眼废除视力者，即为侍奉神明的“臣”。“臣”之中最优秀的人才，就称为“臤”，也就是“贤”的原字。

下端的“貝”为子安贝。在创造汉字的中国殷商社会里，子安贝甚受珍视。在日本也是如此。日本最古老的物语文学作品《竹取物语》中，对子安贝亦有提及。

将贵重的子安贝置于“臤”之下，便成了“贤”，乃“聪明、优秀”之意。

监 【監】 jiān

由『卧』与『皿』结合而成。『卧』乃人俯视下方的模样，故此字代表人俯视自己映照在水盘『皿』中的倒影。

接下来是“监”（）字。

“监”是由“卧”与“皿”结合而成的字形。从其古字可清楚看出，“卧”乃人俯视下方的模样。与盘同义的“皿”，则是个盛水的水盘。可见“监”所代表的，是人俯视自己映照在水盘，也就是水镜中的倒影。因此既有“借镜”、亦有“监看”之意。

此外，由于观看自己水镜中的倒影亦有自省之意，因此也衍生出“殷鉴”的字义。

鉴 jiàn 【鑑】

由于以青铜打造的鉴镜问世，故『监』被加上了『金』字旁。

“鉴”（）的原字，即为前述的“监”。由于“监”代表俯视自己映照在水盘中的倒影，有水镜之意，因此有“借镜、监看”的意涵。后来由于鉴镜多以青铜、铜或铁打造，便加上了“金”字旁而造出了“鉴”。

【民】民 mín

形容刺伤双眼废除视力的字形。

【眠】眠 mián

由『目』与『民』结合而成的字形。戳伤双眼废除视力的盲人看来有如闭眼入眠，故得此意。

在此，将介绍两个虽不属于“臣”的相关汉字的范畴，但与其仍有某种关联的例子——“民”与“眠”。

“民”的古字“”，象征以异物刺戳眼睛的模样，乃刺伤眼睛废除视力之意。以这种方式废除视力，并以侍奉神明为职者称为“民”。“臣”同样是废除视力的神职人员，故将两者并称作“臣民”。“民”原意虽为侍奉神明的神职人员，后来却衍生成“人民、平民”之意。

“眠”由“目”与“民”结合而成。如前所述，“民”意指戳伤双眼废除视力者，失去视力的盲人看来有如闭眼入眠，故衍生成“睡眠”之意。

望 wàng

【望】

代表人踮着脚尖、眺望远方的字形。

介绍了一连串与“目”“臣”有关的汉字后，在此先对古代中国的“望”文化作一点说明。

首先，请先看看“望”（别字“朢”，）的古字。在此以甲骨文为例，这是个踮着脚尖站立的人体侧面（“壬”，古字作“”），上方再加上一个“臣”。这“臣”呈张大双眼仰望的形状，代表硕大的眼睛。

意即，这个字所形容的，是个踮着脚尖眺望远方的人。

踮着脚尖、张大双眼眺望远方，是一种意图借由眼睛的法力压制敌方，使其臣服的巫术行为。

如同日本的“国见”（译注：天皇或地方首长登高远眺国土地势、景色或人民生活状况的仪式。每年春耕开始时举行，借此探勘适合农耕之地，并预祝秋日将得丰收），古时的中国似乎也曾有“望”这种以咒力远眺的国家仪式。

远古中国的青铜器，大多被埋在接近异族领土的丘陵坡面。这乃是因

为当时的中国人认为青铜器具有法力，将之埋在高处，必能散发法力威吓敌方。

与异族相邻的高地，也是适合进行“望”这种仪式的场所。日本也曾有许多被埋藏于山坡斜面的铜铎（编注：弥生时代的青铜制仪器）出土，因此，白川静先生认为两国应该曾有类似的文化。

此外，许多甲骨文的卜辞显示，远古中国的统治者在展开军事行动时，常携“望乘”随行。“望乘”是个氏族的名称，此氏族的职责，便是以“目”的法力窥探敌情、压制敌方。

犬

quǎn

【犬】

象征狗的模样的字形。

“犬”的古字“”，象征的是狗的模样。但这种狗是被当作祭神的“牺牲”的神圣犬只，因此许多含有“犬”的汉字都与“牺牲”有关。

首先是“伏”（）。

从今字也可明显看出，这是个由“人”与“犬”结合而成的字。在商、周时代的王坟中，为了驱除恶灵、守卫墓地，曾将士兵与狗一同殉葬，这便是“伏”的原意。由被埋入土中的意涵，又衍生出“隐藏、潜伏、伏身”等字义。

伏

fú

【伏】

由『人』与『犬』结合而成的字形。代表为守卫王坟而殉葬的士兵与犬只。

二十世纪殷商遗迹的挖掘调查发现，在深入地底的陵墓中央设有玄室，内有华丽的青铜器等陪葬品。而在灵柩安置处的下方，埋有一个全副武装的士兵与一只狗。

在另一座陵墓里，玄室四面四隅则掘有八座坑，均埋有士兵与狗。较小的陵墓中，则仅埋有犬只。

白川静先生认为，这些狗并不是当作“牺牲”被掩埋，而是为了利用其法力辟邪。推论是为了防止潜藏地底的蛊毒入侵，才埋入嗅觉敏锐的狗来守护亡者。

【然】然 rán

【燃】燃 rán

由『月』、『犬』和『灬』（火）结合而成的字形。代表以火烹煮狗肉。

接着要介绍的，是与“犬”的相关字中，最令人印象深刻的“然”字。

如前所述，“犬”乃是当作祭神牺牲的神圣犬只。古人认为天神特别喜欢烹煮这些狗时传出的气味，形容这种推论的，就是“然”字。

“然”是由“月”“犬”和“灬”（火）结合而成的。“月”意指“肉”，故此字所形容的，是以火烹煮狗肉，以将这种气味传送给神明的行为。由于肉在火中燃烧，便衍生出“燃烧”的字义。因此“然”便是“燃”的原字。

取其音，“然”衍生出“其然、然而”等字义。后来加上“火”旁而造出了“燃”。经过这番说明，相信大家都将牢牢记住“然”与“燃”这两字的字义。

臭 【臭】 chòu

繁体字由『自』与『犬』结合而成。『自』呈狗鼻正面之形，即象征狗鼻之意。

嗅 【嗅】 xiù

接下来，该介绍几个原本属于“犬”的相关字，但在日本改定常用汉字时被换成了“大”，从而切断了与原属体系连结的汉字。意即，现在将列举的，是在繁体字里用“犬”，改成日本现用的简体字时被换成了“大”的汉字。只要看看这些含有“犬”的繁体字，立刻就能理解原本的字义。

首先是“臭”。繁体字的“臭”，是由“自”与“犬”结合而成的。“自”呈狗鼻正面之形。狗是嗅觉十分敏锐的动物，因此由狗鼻便衍生出“嗅、气味”的字义，后来又演变成“臭味”。但日文常用汉字将“犬”改为“大”后，便无从理解这原意了。毕竟“大”是个代表人体正面的字形。

即使日文常用汉字的“嗅”里的“犬”依然未改，但“臭”却莫名其妙地被改成了“大”。可见改定者对原字中的“犬”所具有的重要意涵浑然不察。

戾 lì 【戾】

繁体字由『户』与『犬』结合而成，意指在自宅门口埋有一只作为牺牲的狗。

另一个例子“戾”（），繁体字“戾”由“户”与“犬”结合而成，意指在自宅门口埋有一只作为牺牲的狗，以驱除地底恶灵的行为。由于恶灵遭驱除，故得“归来”之意。日文常用汉字“戾”将“户”下方改为“大”后，已不再能看出其原意。（编注：中文字“戾”为凶狠暴烈、劲疾、到达、违背、罪过之意。）

器 qì

【器】

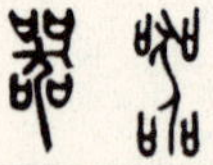

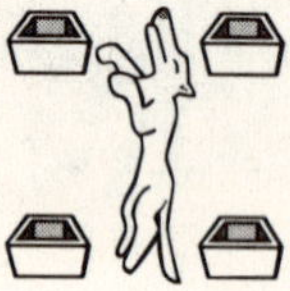

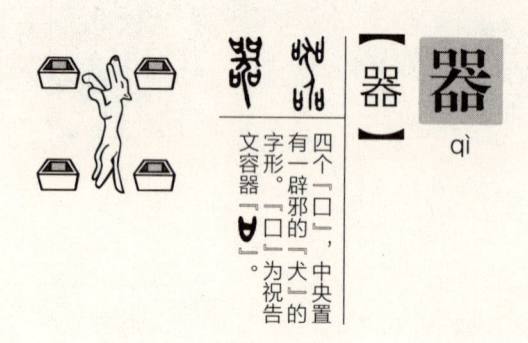

四个『口』，中央置有一辟邪的『犬』的字形。『口』为祝告文容器『』。

“器”（）也是“犬”被改成了“大”的日文汉字之一。由其古字可明显看出，这个字原本是四个祝告文容器“”，中央置有一“犬”的字形，繁体字沿袭了同样的配置。

“犬”是为了辟邪的牺牲，故“器”代表驱邪后的“器皿”，后来又衍生出器材、器械，或者人的器量等字义。日本现用的常用汉字“器”，不再能追溯其原意。

由此可见，日本将繁体字改为现用的简体字时，许多汉字在不了解古字原意的情况下被简化，原有的象征意义便因此流失。本书中曾多次提及，汉字原本是极具系统性的文字。可惜日本在战后改革时，出于对此系统性的无知，许多汉字遭到毫无根据的改变。故白川静先生主张，应将汉字改回原本的繁体字。“犬”字中的“、”，乃狗耳之意，加上这个“、”，才能明确区别“犬”与代表人体正面的“大”。可惜战后日本的汉字改革去除了“、”，将“犬”与“大”完全混淆。

接下来，再继续介绍与“犬”有关的汉字。

【祓】祓

fú

右端为『犬』加上一笔『丿』，意指当作牺牲被宰杀的『犬』。左端则为代表神桌的『示』字旁。

【突】突

tū

繁体字由『穴』与『犬』结合而成，意指牺牲犬只以为灶穴辟邪。

首先是“祓”。此字右端的“犮”与其古字相同，均是“犬”加上一笔“丿”，象征杀犬以为牺牲，或当作牺牲被宰杀的“犬”。日文汉字“抜”（繁体字“拔”）字右端的“犮”也是如此，切勿将“犮”与“友”混淆。“祓”乃牺牲犬只，以驱除恶灵之意。

接下来是“突”（）字。日文汉字“突”也是个因“犬”被改成了“大”而失去原有字义的例子。从繁体字“突”便可看出，这个字是由“穴”与“犬”结合而成的。

原本的字义，是牺牲犬只以为灶穴辟邪。

灶不仅是生火之处，因古时有祭祀灶神的习俗，亦被视为相当神圣的场所，相信古人曾以牺牲犬只为灶驱除邪灵。“突”乃灶的烟囱，由于烟囱突出于屋外，故又衍生出“突起”之意，以及在“突进、突击”等词语里象征猛烈的字义。

狱 獄 yù

古字为『言』左右各有一犬。『言』代表向神起誓，二『犬』则为对簿公堂的双方携来牺牲的犬只。

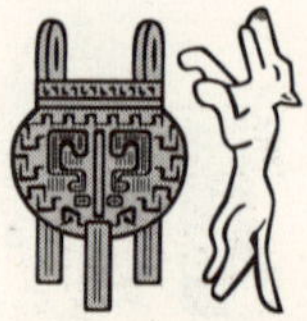

献 獻 xiàn

繁体字左下角的『鬲』为一种以三脚支撑的蒸煮用具，意指牺牲犬只以为鬲辟邪的仪式。

接着，再介绍几个与“犬”相关的文字。

从“狱”（）的古字可以看出，是在两个“犬”之间嵌入一个“言”，即“言”的左右各有一犬。

前文也解释过（参见第八章“与【辛】有关的汉字”），“言”意指向神立誓自己若发伪誓，便愿受墨刑。二犬则为对簿公堂的双方携来牺牲的犬只。故“狱”原指庭上两方携来犬只展开诉讼，后来则被衍生为关押败诉者的牢狱。

汉字“献”的繁体字“獻”左下角的“鬲”为一种以三脚支撑的蒸煮用具。“献”所指的则是将鬲转用为祭神法器前，牺牲犬只为其辟邪的仪式。

在牺牲犬只净化后，鬲被用来盛装奉献给神明的祭品，故衍生出“奉献、献祭”等字义。

【黙】默 mò

代表牺牲犬只为死者服丧的字形。

“默”字中的“犬”亦是被作为牺牲的犬只，字义为牺牲犬只以为死者服丧。源自服丧期间须保持静默，说话被视为禁忌的习俗。

【狀】状 zhuàng

代表以模板工法筑城墙时牺牲犬只的字形。

“状”也是个与牺牲犬只相关的文字。建造城墙有时使用模板工法，即在板与板之间填土，再敲之以杵使其坚实。“丬”代表这种工法所使用的板，繁体字“狀”即为以模板筑城墙时牺牲的犬只。后来，意涵逐渐从形容此一工程步骤转为泛指物或人的形状。

【就】就

jiù

由代表巨大城门的「京」和死犬的「尤」结合而成的字形，意为城门落成时牺牲犬只，并泼洒其血以辟邪。

“就”也是同样意义的文字。这个字由“京”与“尤”结合而成，“京”代表出入口呈拱门状的都城城门，古字作“”，可看出是个上有望楼（编注：瞭望台）的大型城门，“尤”则为死犬的形状。由此可见，“就”为城门落成时泼洒牺牲的犬只的血以辟邪之意。由于这仪式于城门落成时举行，便得“成就”之意。而成就亦代表开始启用，故又衍生出“就位”（开始某种地位或状态）的意涵。

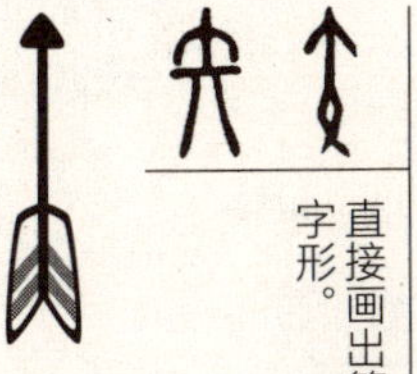

【矢】矢 shǐ

直接画出箭矢形状的字形。

“矢”在古代中国被视为非常神圣的圣物。在为土地或场所辟邪时，需要举行放箭的“通矢”仪式。日本也有这种习俗，京都三十三间堂至今仍举行“通矢”的仪式。

不得真正放箭时，也会以射箭的动作鸣弓弦。《日本书纪》记载，雄略天皇时代，就曾以鸣弦之术趋吉避凶，因此打败敌人。

鸣弦至今仍是日本宫中的仪式之一，2001年爱子内亲王（译注：中国多称“公主”）诞生时，就曾举行过此一仪式。通常于七夜（译注：婴孩诞生第七日夜里举行的庆祝活动。于当晚邀请产婆、近亲举行宴会，由来宾赠与礼物或诗词，并于当晚为婴孩命名）当天举行的“浴汤之仪”中，就有鸣弦一项。这天，女官抱着爱子内亲王进入浴殿，身穿装束（译注：多指特殊服装，此处应指礼服）列于殿外者中，有负责朗读者，于此时朗读起《日本书纪》中的一节，负责鸣弦者则随着一声大喊拉起无箭的弓一放。这仪式称为“读书鸣弦”，用意是驱除恶魔、祈求孩儿健康成长。

日本的大相扑的“弓取式”，也是与“弓”和“矢”有关，为日本人所熟悉的辟邪风俗，用意是为土俵（译注：以土筑成的相扑竞技场）驱邪。新历过年时悬挂的破魔弓与破魔箭也带有同样的意涵。

“矢”（）的古字，是直接画出箭矢的形状。在古代中国，兴建重要建筑时需要以放箭择地。此外，立誓时也以箭矢为记，因此日文中“矢”也可被读作“ちかう”（译注：与“誓”之日文训读同音）。折矢为立誓的动作，因此“誓”上方有个“折”。

传说日本战国时代武将毛利元就曾向三个孩子展示三矢成束便难折，以告知团结的重要性。从汉字学的角度来看，三矢成束便难折这个比喻，便证明了“矢”与“誓”的关联。

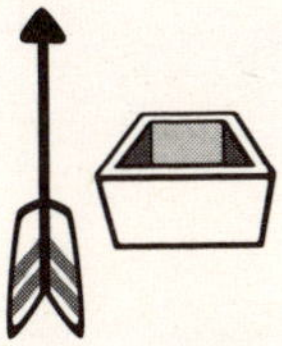

【知】知

zhī

象征折矢向神起誓的『矢』，加上一个代表祝告文容器的『口』（𠙵）而成的字形。意为祈神立誓。

【族】族

zú

由『㫃』与『矢』结合而成的字形。『㫃』代表悬挂旗帜的旗杆，乃氏族的象征。此字则代表于此旗下折矢立誓。

“知”是由“矢”与“口”（𠙵）结合而成的字形。“𠙵”为盛装祈神祝告文的容器，矢为折矢向神明立誓之意，因此祈神立誓便作“知”。由于向神立誓后方能明白“知”道答案，因此在神明面前求得答案，便是“知”的本意。

“族”也是个与象征誓约的“矢”有关的文字。

“族”由“㫃”与“矢”结合而成。从其古字不难看出，“㫃”为悬挂旗帜的旗杆，指的是象征氏族的步旗。在此氏族旗帜下折矢，便代表以氏族之名起誓。从参加氏族的誓约，又衍生出“家族、族群”等字义。

至 zhì

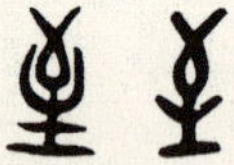

【至】

一个由颠倒的『矢』与『一』（大地）结合而成的文字。形容箭矢刺在土地上。

在兴建重要建筑时也会放“矢”，依其到达之处择地。以下将介绍一个与以“矢”择地有关的例子。

“至”是个理解此择地仪式的重要文字。观其古字，可以发现是由颠倒的“矢”与“一”结合而成，形容箭矢刺在土地上。“一”代表箭矢所到达的土地。由此可见，“至”所指的是兴建重要建筑时为择地而放的箭矢到达的地点。

接下来，再介绍几个与“至”有关的文字。

首先是“屋”。这是个由“尸”与“至”结合而成的字。“尸”指的是尸体（参照第三章“与【人】有关的汉字”）。可见“屋”指的是亡者正式下葬前安置其棺的建筑。这建筑是在射出神圣的箭矢后，依据其落点择地兴建的。

屋 wū 【屋】

『尸』同『屍』。在兴建放置待葬亡者棺木的建筑时，需要放矢择地。

接下来是“室”。“宀”为祭祀先祖的庙宇屋顶。建造这庙宇时，同样需要放矢择地。因此“室”原本的字义，是祭祀先祖的房间。

室 shì 【室】

『宀』代表祭祀先祖的庙宇。兴建此庙宇前，需要放矢择地。

台 【臺】

tái

繁体字由简化的『高』与『至』结合而成，原本的字义为放矢择地后兴建的高耸建筑。

日文汉字“台”的繁体字“臺”，是由简化的“高”与“至”结合而成的。

原本的字义，是放矢择地后兴建的高耸建筑，即可眺望远处的高楼，同时也有放置物品的台座之意。

此外，日文汉字“台”不仅是“臺”的新字，自古也是个被念成“イ、タイ、ダイ、もちいる、われ”（译注：依序为台、台、台、采用、我之意）的不同文字。因此必须注意“台”原本的字义，与将“臺”简化而成的“台”是有所区别的。

到 dào

【到】

古字为『至』与『人』结合而成的字形。原指人『走到』射出去的箭矢的落点。

介绍了几个“矢”的相关字之后，最后再介绍一个有趣的汉字——“到”。

“到”的古字由“至”与“人”结合而成。但今字右端的“人”被改成了“刂”（刀部）。由于字义是人“走到”射出去的箭矢的落点，“至”加上“人”应该是个较合适的组合。

白川静先生曾表示，由于“到”右端的“人”与“刂”颇为相似，猜想应是古代的中国人将两者混淆，就这么将错就错地沿用到现代。“看来写错汉字并不是现代日本人的专利，古代的中国人也会犯这种错。”话毕，白川静先生笑了起来。

第十四章

与【其】有关的汉字

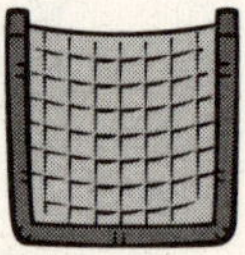

【其】其

qí

在『箕』下方加上代表置物台的『丌』而成的字形。

本章之所以将与“其”有关的一连串汉字归纳在一起作介绍，乃是因为包含“其”的汉字，许多都有呈四角形这个特征。

发现这点，就能明明白白地了解包含“其”的文字之间的关联。而借由这种过程理解文字之间的关联，又能进一步理解汉字整体的系统性。

“其”是“箕”的原字。在畚箕下方加上“丌”（置物台），便成了“其”，日文读作“キ、み”。后来由于“其”被转用为第三人称的代名词，因此便加上了“竹”字头，造出了“箕”。

箕 jī

【箕】

由于『其』被转用为第三人称的代名词，因此加上了『竹』字头造成的字。

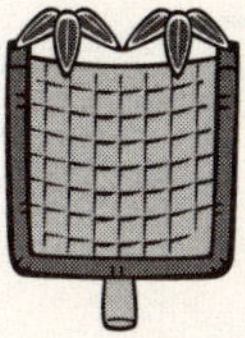

从其古字不难看出，由于畚箕呈四角形，因此包含“其”的文字，都带有方形物体的意涵。

一如前述，“其”是“箕”的原字。在这用来筛滤谷壳等的农具下方加上“丌”，上方再加上竹字，便成了这代表扫地用的畚箕的字。

旗 qí

【旗】

由『其』与『㫃』结合而成的字。『㫃』为挂有旗子的旗杆。

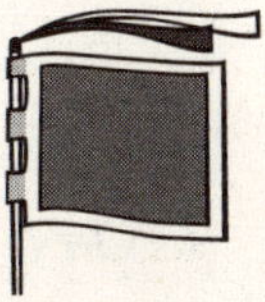

接下来，将逐一介绍几个包含“其”字，并带有四角形意涵的汉字。

首先是“旗”。这是个由“其”与“㫃”结合而成的字。只要看看“族”等字的古字（参照第十三章“与【矢】有关的汉字”）便不难发现，“㫃”是挂有旗子的旗杆。上头挂有四角形军旗者则曰“旗”。

【棋】 **棋** qí

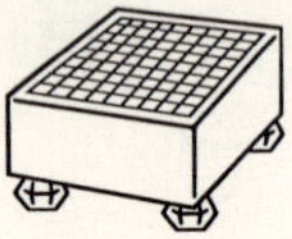

以结合「木」与「其」代表象棋等所使用的四角形棋盘。

【碁】 **碁** qí

“棋”（）是“木”与“其”结合而成的文字，指的是四角形的象棋或围棋棋盘。日文读音为“キ”，意指“围棋、象棋”。从其别字“棊”，更能看出与古字的关联。

“碁”（译注：日文指围棋）是后来才造出来的字。虽然是由“其”与“石”结合而成，但原字就是“棋”。由于“棋”后来分化成“象棋”与“围棋”，便造出了代表“围棋”的“碁”字。

期

qī

【期】

由『其』与『月』结合而成，代表月亮运行的一定时间。

“期”字也含有“其”，但意义略有出入。代表四角形的“其”，也带有一定的大小之意。由于这一定大小被用作测量事物的基准，因此“期”是个代表一定的时间长度的文字。

今字由“其”与“月”结合而成，代表月亮运行的一定时间，但其古字并非都是“其”与“月”的组合，亦不乏“其”加上“日”的例子，例如上图左侧的古字。这个字所代表的，应是太阳运行的一定时间。由此可见，“期”代表日月运行的时间，或日月的一定时期。

魌

【魌】

qī

指追傩仪式中，方相氏所佩戴的方形鬼面具。

“魌”（别字“䫏”，）是个平时不易看到的汉字。

“魌”所指的，是追傩（驱鬼）仪式中，方相氏（译注：日本平安时代，朝廷于每年除夕夜举行源自古中国南方少数民族巫觋文化的追傩仪式。当日由一身材魁梧者扮方相氏，头戴黄金四眼面具，身披熊皮，着玄衣朱裳，左手持矛，右手持盾，带领二十位童子，在大内宫廷四处梭巡，敲击手中矛盾高喊驱鬼。随后由公卿立于清凉殿，持桃弓苇矢，射箭将之驱离。）所佩戴的方形鬼面具。追傩为宫中年节仪式之一，用意是在除夕夜驱除恶鬼与疫病，是今日的节分行事（译注：节分原指立春、立夏、立秋、立冬的前一日，但江户时代后多指立春前一日，被视为一年之始。节分行事为家家户户于该日举行的撒豆仪式，通常由男主人将炒过的大豆撒在家中清除秽气，边撒边喊“福神入内，恶鬼出外”，最后每个家人再各自食用与自己岁数同数的豆子）的根源。但负责驱邪的方相氏戴着鬼面具驱除恶鬼与疫病这点，与今天的节分行事还是有所出入。

【倛】倛 qī

指方相氏于追傩仪式中佩戴四角形鬼面具。

【欺】欺 qī 

形容戴着四角面具说话、呼喊的字形。

接下来，将再介绍几个与鬼面具有关的文字。首先是“倛”，日文读作“キ、あざむく、きめん”（译注：依序为倛、蒙蔽、鬼面具之意）等。此字所指的，就是方相氏驱鬼时所佩戴的大型四角鬼面具。这种面具又称为“蒙倛”。据说孔子“面如蒙倛”，想必生得是一张国字脸或扑克脸吧。

由于蒙倛面具亦可用来吓人，因此日文亦可读作“あざむく”（译注：“蒙蔽”之意）。

“诈欺”这个词里的“欺”也有个“其”。“欺”是由“其”与“欠”结合而成的文字。“欠”是个模拟人朝前张口的字，代表说话、歌唱或呼喊。

“欺”也带有与前述的四角大面具“蒙倛”同样的意涵，形容戴着这种四角大面具欺骗或惊吓他人。

佩戴面具欺骗他人，原为祭神法事中的行为，后来又衍生为广义的欺骗之意。

基

jī

【基】

由『其』与『土』结合而成，代表建筑物的地基或土台的字形。

四角形的畚箕加上“丌”而成的“其”除了代表方形的物体，也有台座之意。

反映这一意涵的字就是“基”。这是个由“其”与“土”结合而成的字，代表以土筑坛，以作为建筑物的地基或土台，有“基础、根基”之意。

弃 【棄】

qì

古字象征一个幼儿被置于畚箕中，下有两手推之。

最后，再介绍一个跳脱“其”的方形或台座的字义，但有助于理解中国古代文化的字。

那就是“弃”。从其古字可以看出，象征的是一个幼儿被置于畚箕中，下有两手推之。

这个字代表的，是抛弃刚出生的幼儿，可见“弃”指的是弃养初生的婴儿。进一步观察其古字，可以看到婴儿旁还画有点状的水滴。可见这个字所指的，是将婴儿弃于流动的河川之中。

看来原始民族似乎曾有抛弃初生婴儿的行为，但白川静先生推论，这指的并不仅是单纯的抛弃，而是借由婴儿在水中的浮沉，占卜是否能将其抚养长大。

周朝之始祖后稷是个传说中的人物。据传其出生后曾遭弃养，故被命名为“弃”，后来由于发生种种奇迹，才被抚养长大。

日本也曾有弃养出生于母亲凶年的婴儿，由他人扶养成人的习俗。看来这也是中国与日本共通的习俗之一。

【衣】 **衣** yī

直接画出衣襟合拢的衣物之形。

第十五章

与【衣】有关的汉字

根据日本神话的描述，天孙降临时，乃是以名曰“真床袭衾”（真床追衾）的衣物裹身降临人世。而天皇即位后，在大尝会（译注：亦作“大尝祭”，为庆祝天皇即位时举行的仪式，为宫内祭典中最盛大者。祭典中，新任天皇以当年收割之新米祭拜诸神，祭后由天皇独自食用）中也须以名曰“天羽衣”的衣物与名曰“真床袭衾”的棉被裹身。这类传说反映出古人认为“衣”上宿有灵力，以其裹身，便可承袭这超自然的力量。

此外，歌舞伎演员承袭前辈名讳叫做“袭名”。一如“真床袭衾”，其中也有个包含“衣”的“袭”字。可见其中亦带有借由“衣”的力量，获得先祖或前辈灵力的意味。

以上都是日本传统中的例子。但“衣”原本就是个与“灵力”有关的汉字。

“衣”是个直接画出衣襟合拢的衣物之形的字。日式衣物为左襟叠右襟，但甲骨文或金文多写成右襟叠左襟。古人认为“衣”上有“灵”依附。

依 yī

【依】

由『人』与『衣』结合而成，代表移灵仪式的字形。

“依”为“人”与“衣”结合而成的字形。由于古人认为“人”的灵魂会依附（或转移）到“衣”上，因此在降灵或移灵的仪式中，会让人披上供灵魂依附的“衣”，故以此字代表“依附”。

裔 yì

【裔】

『衣』下方加上『冏』而成的字形。『冏』为支撑衣架的底座。

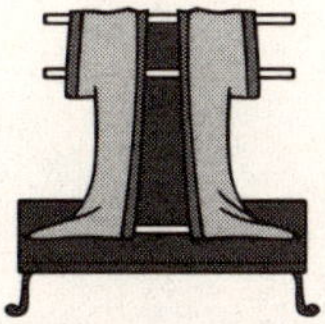

“裔”也是个与“衣”的灵力有关的汉字。“衣”下方的“冏”为支撑衣架的底座，可见此字形容的，是将衣服挂在衣架上。由于古人认为可借衣追思先祖、承袭祖灵，故有“后裔、族裔”之意。形容承袭先祖血缘者的“末裔”一词，亦源自于此。

袭 xí

【襲】

代表在死者衣物上加绘龙形图案的字形。

如前所述，“袭”也是个与“衣”的灵力有关的字。此字由“龙”与“衣”结合而成，代表让死者穿上绘有龙形祭祀图腾的衣物。而承袭王位者在仪式中也得披上这种衣物，故有“沿袭、承袭”之意。“袭名”“世袭”等，也是源自借由依附于“衣”的灵力承先继祖的信仰。

《源氏物语》等作品中所提及的“袭色目”（译注：为平安时代贵族女性之礼服。“袭”在日文中有重叠之意，故“袭色”指借由身穿数层不同色彩的薄绢衣物，以其色彩、浓淡体现出符合每一节气之自然景物或动植物之色彩变化）等，同样源自于穿着袭衣的习俗。由于有抢占前人地位的意涵，后来便衍生出“袭击”之意。

【哀】哀 āi

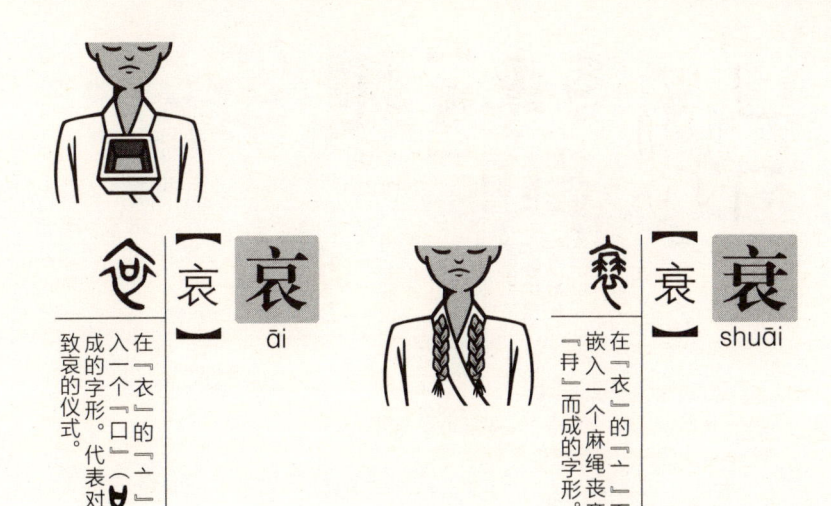

在『衣』的『亠』下嵌入一个『口』（ㅂ）而成的字形。代表对死者致哀的仪式。

【衰】衰 shuāi

在『衣』的『亠』下嵌入一个麻绳丧章『冄』而成的字形。

接下来，再介绍其他与“衣”有关的汉字。首先是“哀”与“衰”。

“哀”是在“衣”的“亠”下嵌入一个“口”而成的字形。这“口”并不代表嘴，而是如前文数度提及，乃是盛装祝告文的容器“ㅂ”。由此可推论，“哀”乃是在死者衣襟下的胸口放置“ㅂ”，以对死者致哀的仪式。

“衰”与今日的“哀”字形相似，但从古字来看，两字置于死者胸口的乃是截然不同的物品。古字的“衰”中的“”是“冄”，代表驱除死者秽气的麻绳。可见“衰”所代表的，是在死者胸口别上麻制的丧章，乃服丧之意。由于丧礼须较其他仪式低调、简单，故自此衍生出衰微的意涵。

还 hái huán 【還】

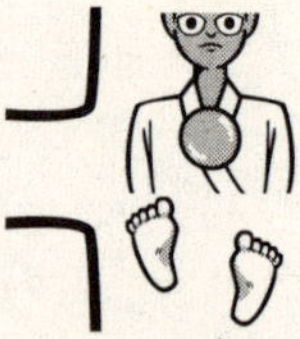

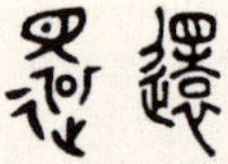

代表于死者胸口衣襟上放置一个强化灵力的『玉』，以祈祷亡者由死复生的仪式。

接下来是“还”和“远”。

如前所述，“还”（還）（参照第十章“与【目】有关的汉字”）中的“睘”指的是在死者胸口衣襟上放置一个强化灵力的“玉”（○），再于其上加上一个象征人类生命力的“目”，以代表祈祷亡者由死复生的仪式。从古字来看，其中的“口”并不是“ㅂ”，而是以“○”代表“玉环”的形状。

再加上一个“辶”，便成为复活、生还之意。

远【遠】

yuǎn

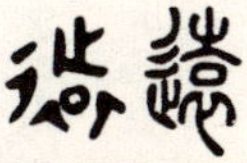

由『土』、『玉』、『衣』、『辶』结合而成的字形。『土』乃『之』的变形，以足迹之形代表为死者送行。

接下来是“远”（遠）。这个字的繁体同样是形容在死者胸口衣襟上放置一个强化灵力的“玉”（○），玉环上的“土”是由“之”变化而来。从其古字便可看出，“之”同“止”，代表足迹之形。

由此推论，这是个代表在死者枕边放置“之＝止”（鞋子），并于衣襟放置玉环，以为死者送行的字形。加上一个表示行走的“辶”，便有了死者将远行之意。可见“远”的原始字义，乃是指死者远行。这和日本传统习俗中在死者脚边放置草鞋或为其穿上足袋脚绊（译注：“足袋”为日本传统的分趾鞋，“脚绊”为绑腿，此处应指上端以绳带缚紧的江户脚绊）是同样的道理。

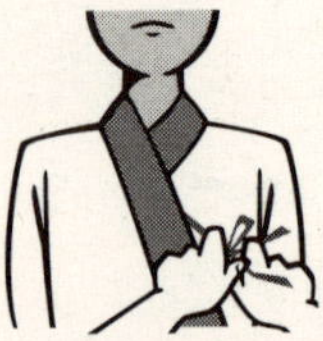

【卒】 卒

zú

代表将衣襟交叠的字形。

由此可见，含有“衣”的汉字有许多与死亡有关，而“卒”也属于此类汉字。

从其古字“”不难看出，“卒”乃是“衣”的古字“”与“丿”结合而成的字形。

这个字所形容的，是将“衣”的衣襟交叠，代表借此防止死者灵魂脱离其躯或遭恶灵入侵遗体。自此衍生出“卒殁、结束、终究”等字义。

而由于在死者亡故后，必须尽快将其衣襟交叠，因此又衍生出“仓促”的字义。

展 【展】 zhǎn

由『尸』、『㠭』与『衣』结合而成的字形。代表将四个法器『工』放置于死者衣襟之上，以防止恶灵入侵遗体。

“展”也是个和死亡有关的字。这个字由“尸”“㠭”与“衣”结合而成，“尸”代表死者（参照第三章“与【人】有关的汉字”），“㠭”则是由四个祭祀法器“工”相叠而成的字形。

可见“展”这个字代表人死亡后，为防止外来的恶灵入侵遗体，而将四个法器“工”放置于死者衣襟之上。原意为丧礼中展示遗体供人瞻仰，后来又衍生出“展现、施展、奏展”等其他字义。

【羊】 羊 yáng

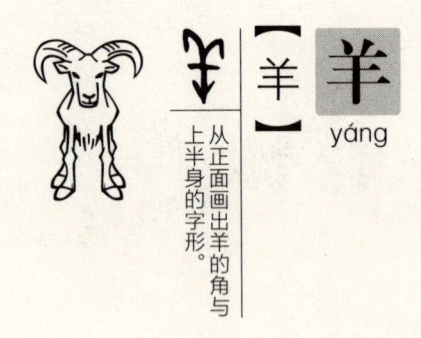

从正面画出羊的角与上半身的字形。

第十六章

与【羊】有关的汉字

仔细看看“美”“善”“义”（義）几个字，是否看出其中都有个“羊”字?

“美”“善”“义”都是代表特别的价值观的汉字，而且悉数与“羊”有关。对古代的中国人而言，“羊”是一种非常重要的动物，尤其常被用于祭神，因此便造出了许多含有“羊”字的汉字。

“羊”是个从正面画出羊的角与上半身的字形。古中国向神征询解答的卜卦，是以羊进行的羊卦，需借此判断“祥”或“不祥”。

祥【祥】祥 xiáng

原字由代表神桌的『示』与『羊』结合而成。意指遇纠纷时，当事双方各祭出一头羊进行羊卦，所得到的占卜结果。

详【詳】 xiáng

由『言』与『羊』结合而成。意指在羊卦时详细听取双方当事人的主张。

在羊卦时，当事双方各需祭出一头“羊”进行裁判。“祥”便是在羊卦中所卜得的吉凶之兆。虽然“祥”多被用作“吉祥”之意，其实并非所有的“祥”都代表呈吉兆的吉祥，亦有代表凶兆的妖祥。

而字里也有个“羊”的“详”，意指在羊卦时详细听取当事人的主张。

【美】美 měi

画出完整的『羊』的字形。

【善】善 shàn

原字『譱』由『羊』与『言』结合而成，古字亦呈此形。『誩』意指原告与被告于羊卦中向神起誓的言语。

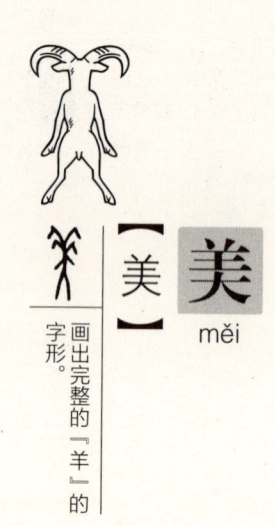

至于本章初始提及的“美”，则是个画出完整的“羊”的字形。“羊”仅画出其上半身，“美”则是连后脚都加了上去。下端的“大”，代表的是牡羊的腰部。

“美”原指成年羊只之美，后来延伸成泛指一切的“美的事物”。自此又衍生出“美好、赞美”等字义。

接下来是“善”。这个字的原字作“譱”，古字亦呈此形。“譱”或许是与以羊进行的羊卦关系最为明显的汉字。如前文所述（参见第八章“与【辛】有关的汉字”），“言”意指在盛装祭神祝告文的容器“”上放置文身用的针，向神起誓若有违约，愿接受以此针文身之墨刑。

此字的两个“言”，代表诉讼中原告与被告所立之誓。因此“譱”（善）乃记录分据羊之两侧的原告、被告的言语的诉讼用语。

不过，“善”后来被延伸为遵从神明的旨意，自此又衍生出“善良、善待”等字义。

义【義】 yì

由『羊』与『我』结合而成。字中的『我』乃是『锯』，是个代表以『锯』屠『羊』牺牲献祭的字形。

牺【犧】 xī

繁体字由『羲』与『牛』结合而成。在『我』的部分中添加的『丂』，乃是以锯斩断的羊只后腿被悬挂起来的模样。再加上最重要的牲品『牛』，便成了『牺』。

接下来是“义”。

“义”是个由“羊”与“我”结合而成的字。

从其古字可以看出，此字里“我”的部分呈“锯”形。代表以“锯”屠“羊”牺牲献祭，即为“义”。

古代仪式多以羊为牺牲。以锯斩断羊躯供奉神明时，须确保内脏、羊毛、羊角等均不可或缺。牲品毫无缺陷、符合献祭要求便是“义”。后来衍生为泛指一切“道义、正义”。

至于“牺”这个字，繁体字右端为“羲”，乃在“义”下的“我”中再加入一个“丂”。“丂”所呈现的是以锯斩断的羊只后腿被悬挂起来的模样，可见“羲”便是“牺”的原字。后来再加上最重要的牲品“牛”，造出了“牺”。

达【達】dá

从后方画出牝羊所生的羔羊落地时的模样。

最后，再介绍另一个与“羊”有关的字——“达”（達）。

此字的“辶”以外的部分，是从后方画出牝羊所生的羔羊落地时的模样。

《诗经》有云：“诞弥厥月，先生如达。”指的是羔羊被顺利生下的模样。由于其出生顺畅无碍，因此衍生出“通达、传达”等字义。

第十七章 与【隹】有关的汉字

隹

zhuī

【隹】

直接将鸟的形状文字化的字形。

古代中国将鸟视为传达神意的媒介，认为灵形似鸟。“隹”即同“鸟”，由于常以鸟进行占卜，因此有许多汉字和“隹”有关。

为了与“鸟”作区隔，“旧”（舊）字里的“隹”意为短尾鸟类的总称。但在甲骨文中，唯有特定的神格化的鸟类写作“鸟”，其他的均作“隹”，两字并非以尾巴长短作区别。

进 jìn【進】

由『隹』与象征步行的『辶』结合而成。代表以鸟卦决定军队的进退。

与“隹”有关的汉字中，“进”（進）大概是最为人所熟悉的一个。有鉴于此，本章就从“进”这个字开始介绍起。

此字由“隹”与象征步行的“辶”结合而成，意指借鸟卦占卜军队的进退后，挥军前行，自此又衍生出“前进、进言”等字义。

推【推】

tuī

代表借鸟卦进行推测、或决定是否该推进。

“推”也是个与鸟卦有关的字。由于古人常借鸟卦进行推测，或决定是否该推进，因此“推”便承袭了原本占卜方面的意涵，代表“推敲”“推测”等。

唯【唯】

wéi

由『隹』与『口』（𠙵）结合而成。代表借鸟的动作判断神明解答。

“唯”由“隹”与“口”结合而成。前文已一再提及，“口”乃是盛装祝告文的容器“𠙵”，而非形容鸟鸣声。在鸟的旁边放置一只祝告文容器“𠙵”，不难看出这也是个与鸟卦有关的文字。祈神时借鸟的动作判断神明解答，即为“唯”。

而听闻神旨后，恭敬从命时便说声“唯”。自此又衍生出“唯诺”等字义。

虽 suī 【雖】

『唯』的『口』（𠙵）下加个『虫』而成的字形。代表『唯』遭邪虫侵袭，即神意遭恶灵妨害。

“虽”（雖）字与“唯”也颇有关联。仔细观察，不难发现“虽”字是在“唯”的“口”字旁下加个“虫”。“口”即“𠙵”，意指祝告文容器“𠙵”遭虫侵入。

可见这个字所代表的，乃“唯”遭邪虫侵袭，即神旨遭恶灵阻挠、妨害。

“唯”代表承诺神意，若神旨为恶灵所袭，便得暂时中止实行神意。因此“虽”便成了表示“虽然”的转折语。对神作承诺谓之“唯”，但遇邪虫侵犯神意，则谓之“虽”。经过如此说明，相信就不易忘记“唯”与“虽”两字的关联了。可见汉字是何其有趣。

【惟】惟 wéi

由『忄』与『隹』结合而成。代表借鸟卦下判断。

【誰】谁 shuí

由『言』与『隹』结合而成。代表借鸟卦询问以巫术加害自己的是何许人。

接下来，再介绍几个与鸟卦有关的字。

“惟”是个由“忄”（心）与“隹”结合而成的字，代表的是借由鸟卦下判断。

“谁”字里也有个“隹”。这个字代表借鸟卦询问以巫术加害自己的是何许人。意即，在卜卦中询问对方“是谁”。后来就直接被当作疑问代名词使用。

应 yīng 【應】

繁体字『应』呈『人』将『隹』（鹰）抱在胸口的形状，意指猎捕鹰类。『广』则代表饲养鹰类的场所。

以上介绍的，均是右端为“隹”的汉字。接下来再介绍几个“隹”的位置略有不同的字。

首先是“应”。当然，只有繁体字的“應”里有“隹”。这个字呈“人”将“隹”（鹰）抱在胸口的形状，是个代表猎捕鹰类的文字，“广”则代表饲养鹰类的场所。在日本，猎捕鹰类也被视为占卜神意的“誓狩”（译注：向神明起誓并举行狩猎，视猎得何种猎物卜吉凶）。

由于猎捕鹰类的结果被视为神授天意，因此“应”之所以有“响应”之意，正因这个字代表问卜时神明的响应。

只 zhī 【隻】

由『隹』与『又』结合而成。『又』为象形的『手』，故此字代表手持一只鸟。

接下来是“只”（隻）。这个字的繁体由“隹”与“又”结合而成。一如前述，“又”为象形的“手”（参见第一章“与【手】有关的汉字”）。手持一只鸟，即为“只”。后来被用来形容“一只”的字义，又衍生出“只眼”“只手”等字义。但此字本为“获”的原字，不仅指捕获鸟兽，亦指捕获人。

双 shuāng 【雙】

从繁体字『雙』不难看出，此字呈手持两只鸟的形状。

又一个例子是“双”。从繁体字的“雙”便能清楚看出，此字呈手持两只鸟的形状。自此便衍生出“双方、成双、双双”等字义。

获 huò 【穫】

『蒦』加上『禾』，代表农作物收成。

获 huò 【獲】

『蒦』的古字形『只』，为『获』的原字。『获』乃是『蒦』加上『犬』（犭）后，代表使用猎犬猎捕动物。后来又演变为泛指『捕获、获得』一切事物。

在介绍“只”时业已提及，“只”（隻）为“获”（獲）的原字。此字原本的字义是猎捕鸟类，加上一个“犬”（犭）后，便代表使用猎犬猎捕动物，后来又演变为泛指“捕获、获得”一切事物。

后来，又将“犭”改为“禾”，造出了代表农作物收成的“穫”。“穫”是在“獲”之后才出现的文字。

确【確】

què

『隺』代表稳固地挡下正欲起飞的鸟。再加上一个『石』，便代表确定、确实。

隺【隺】

hú
què
huò

由『隹』与『冂』结合而成，象征稳固地挡下正欲起飞的鸟。

与“隹”有关的汉字相当多。最后再列举几个常见的相关汉字——“确”“夺”与“奋”。

首先是“确”(確)。这个字并未被收录在许慎所著的《说文解字》中。繁体右端的“隺”由“隹”与“冂”（象征门框）结合而成。在正欲起飞的“隹”上头加个“冂”硬将这只鸟给挡下，便是“隺”。再加上一个“石”，便产生了确定、确实的意涵。

夺 duó 【奪】

由『大』、『隹』与『寸』（手）结合而成的字形。上端的『大』代表『衣』的上半部。此字象征以手拦下化为鸟形、自死者衣襟内脱离躯体的魂魄。

接下来是“夺”（奪）的解析。这是个由“大”“隹”与“寸”（手）结合而成的字形。在金文中则写作“衣”“隹”与“又”（手）的组合。上端的“大”代表“衣”的上半部。

古人认为人死时，死者魂魄将化为鸟形的灵魂脱离躯体，因此在其衣襟内加上一只隹（鸟），以用手将魂魄给拦下。

奋 fèn 【奮】

古字由『衣』、『隹』与『田』结合而成，是个象征在死者衣襟下塞入鸟笼，以将化为鸟形的灵魂关进笼中的字形。

最后是“奋”（奮）。在金文中，此字由“衣”“隹”与“田”结合而成，是个与象征拦下化为鸟形脱离躯体的魂魄的“夺”相关的字形。

“田”象征鸟笼的形状，此字代表在死者衣襟下塞入一只可关住鸟的鸟笼，以期借此阻止化为鸟形的魂魄脱离躯体。

此外，鸟避开拦阻成功起飞谓之“奋”。亦可将之视为一个将奋力起飞的鸟象形化的字形。

由此可见，“确”“夺”与“奋”皆为与化为鸟形的灵魂有关的汉字。

第十八章

与【虎】、【象】有关的汉字

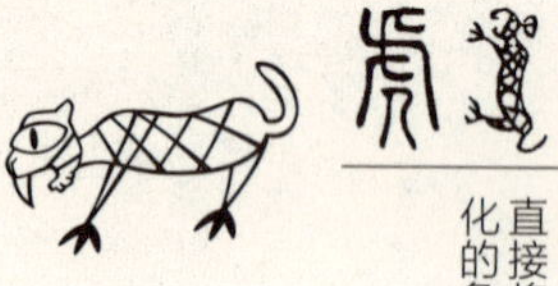

【虎】虎 hǔ

直接将老虎模样图像化的象形文字。

介绍完与作为牺牲供品的“犬”“羊”与被用于卜卦的“隹”（鸟）有关的汉字后，接下来再介绍几个与其他动物有关的文字。

首先是与“虎”（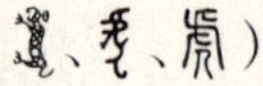）有关的汉字。“剧作”“戏曲”中的“剧”（劇）、“戏”（戲）两字均与“虎”有关。猛然一看，两个字的确颇为相似。在解释这两字之前，应先对“虎”字略作介绍。

从各种古字便不难看出，“虎”是个直接将老虎模样图像化的象形文字。

虍 hū

【虍】

代表『虎』的头部的字形。

彪 biāo

【彪】

由『虎』与『彡』结合而成。『彡』是象征色彩或形状美丽的符号字，因此『彪』便是形容老虎的美丽斑纹的汉字。

接下来要说明的，是“剧”“戏”繁体上端的“虍”字头。

“虍”（）代表的是“虎”的头部。

“彪”是个直接以“虎”为基础的字。这个字由“虎”与“彡”结合而成，“彡”是象征色彩或形状美丽的符号字，因此“彪”便是个形容老虎的美丽斑纹的汉字。

② ①

【虐】 虐

nüè

象征人遭虎爪攻击的字形。

若要举个冠有“虍”字头的例子，那就是“虐”（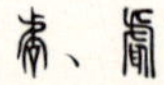）。

从古字①可以看出，“虐”是个象征老虎露出爪子的字形。古字②则在虎爪旁加上一个人（）。可见这个字所形容的，是人陷入遭虎爪攻击的险境中，故衍生出“虐待”之意。

中国神话相传，有一种名曰饕餮的兽神。这种野兽“身如牛，人面，目在腋下，食人”。亦传“其状如羊身人面，其目在腋下，虎齿人爪，其音如婴儿，是食人”（译注：《山海经》中也有相似描述，但描述的是鸮，不是饕餮）。从两种描述均可看出，这是一种貌似“虎”的动物。

饕餮纹是殷周时期的青铜器中极为常见的纹饰。想必那时代的人们将貌似虎的饕餮视为圣兽，意图借其法力守护祭器。由此可见，老虎在古时的中国被视为一种拥有法力的动物。

剧 jù

【劇】

由『豦』与『刂』（刀）结合而成的字。『豦』为生有虎头的野兽，或头戴虎头手舞足蹈的人。以刀对抗此角的武戏即为『剧』。

接下来，再回到本章开头提及的“剧”（）。

该字的繁体是个由“豦”与“刂”（刀）结合而成的字。“豦”为生有虎头的野兽，或头戴虎头手舞足蹈的人。以刀对抗此角的武戏即为“剧”（劇）。

想必古时曾有在神明面前演出挥刀斩杀身披虎皮的恶人，以此影射讨伐暴虐之人的戏剧仪式。由于这种戏剧的动作相当激烈，故衍生出“剧烈”之意。

这个原本代表祈胜的戏剧仪式的字，后来被用作泛指一切戏剧。

【戲】戏

xì

繁体字『戏』象征持戈自后方攻击一坐在『豆』（高脚座椅）形台座上的『虍』（头戴虎头者）。

“戏”（）也是个与“剧”带有同样的意涵的字。

繁体字的“戲”有个“虍”字头的左端，象征头戴虎头者坐在“豆”（高脚座椅）形的台座上。右端则是个“戈”字旁。因此这个字所代表的，是以戈从背后攻击一个头戴虎头、坐在台座上的人。

想必正如同“剧”，“戏”指的也是一种战前祈求战胜的仪式性舞蹈。实际的交战亦谓“戏”。开战布告常言“请与君之士戏”，可见“游戏”原本是一种军事性的示威行动。

由于这种祈求战胜的舞蹈动作看似戏谑，故衍生出“戏弄”的字义。

【處】处

chù
chǔ

由『虎』与『几』（座椅）结合而成。代表『剧』或『戏』等仪式中头戴虎头的演员坐在『几』上的模样。

“处”（）也是个与“虎”有关的文字。但唯有从繁体字“處”才看得出这关联。从古字可以看出，此字乃是由“虎”与“几”结合而成的。

这是个象征“剧”或“戏”等仪式中头戴虎头的演员坐在“几”（椅子）上的文字。头戴虎头者端坐不动，代表此神明代言者的“所在之处”，后来便有了“位处、处所”之意。

介绍完上述与“虎”有关的文字后顺带一提，“虎”的图像也出现在某些金文中。由于图像为代表氏族的纹章，推测在汉字诞生的时期，可能曾有专司饲养老虎的部族。由此可见，古时的中国将虎视为一种相当重要的动物。

【象】象

xiàng

直接画出大象形体的字形。

现在再介绍另一种动物“象”(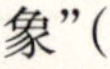)。提到“象”，大家想必会纳闷：有印度象、非洲象，古代中国怎么也有象？

不过，在古中国燃烧龟壳进行占卜所遗留的卜辞中，可以见到“今夕其雨获象”一句。可见殷商国内或周围曾有“象”栖息。当然，象是南方的动物，但似乎也曾出没于长江以北。

【爲】为

wèi

古字由『手』（或爪）与『象』结合而成，是个代表以手操象从事劳动的文字。

“象”是个直接画出大象形体的字形。但若仅止于此，以汉字之间的关系为主题的本书就没必要针对这个字作任何说明。但一个常用的汉字中也含有“象”，在此将针对这个字略作说明。

这个字就是“为”（、）。

从“为”的古字可以看出，这个字是由“手”（或爪）与“象”结合而成的，意为以手操象从事劳动。甲骨文或金文的“为”，均为人手碰触象鼻的字形。

古文有云“为宫”，代表古代中国在建筑宫殿时，曾操象进行土木工程。自此衍生出泛指制造一切的“作为”的字义。

殷、周时代的彝器（祭器）中，饰有象纹者甚众，而金文中亦不乏象的图像。代表曾有专司操象从事土木工程的部族。

【真】 眞 真

zhēn

古字『眞』由『匕』与『県』结合而成。『匕』代表死者，『県』则为颠倒的『首』。可见此字是个代表横死，或遭横祸曝尸荒野的人。

第十九章

与【真】有关的汉字

接触白川文字学后，将会发现其对甲骨文或金文常有令人惊讶的解读，以下这段对与“真”有关的文字的解释，堪称此类代表。

“真”（眞）的古字“眞”由“匕”与“県”结合而成。从“匕”的古字“匕”可以看出，此字呈人倒卧地上之形，代表人的死亡。匕为“化”的原字。“化”（化）是个由“人”与“匕”结合而成的字，象征死人倒卧地上的模样。可见“化”乃“匕”的复数。

“匕”与“化”皆有“变化”之意，但并非指单纯的变化，原本意指人的死亡。

县 xuán【鄡】

象征倒挂首级的字形。『巛』代表下垂的头发。

至于“真”（眞）字中的“県”，其繁体字“縣”乃是由“県”（県）与“系”结合而成。其实“県”象征的是倒挂的首级，“巛”代表下垂的头发，“系”则代表绳子。因此，“县”所代表的，是以绳将首级倒挂于木桩之上，故有“悬挂”之意。这将首级悬挂于木桩之上的解释或许教人难以置信，但“”“”两个古字堪可为证。

后来由于“县”多被用作代表行政单位的“县”，故又造出了“悬”字，以为区隔。

县 【縣】 xiàn

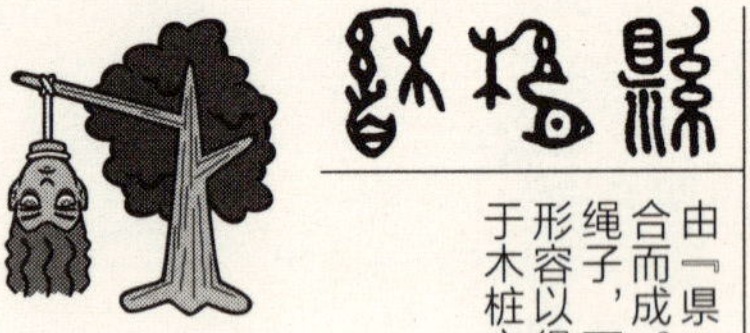

由『県』与『系』结合而成。『系』代表绳子，可见此字是个形容以绳将首级倒挂于木桩之上的字形。

现在再回到由“匕”与“県”结合而成的“真”（眞）字。“匕”代表死者，“県”代表颠倒的首级，可见“真”（眞）是个代表横死，或遭横祸曝尸荒野者的字。由于人死了便不会再有任何变化，因此被视为永恒的、真正的存在，赋予了此字“真正”的字义。

此外，古人认为死于横祸者的魂魄带有怨气，故拥有强大灵力，因此包含了“真”（眞）的“瞋”“填”“瑱”“镇”“慎”及“颠”等字，皆与认为曝尸荒野怨灵的恐惧应镇之的逻辑有关。以下将针对这些字作个别说明。

瞋

chēn

【瞋】

『真』指遭横祸曝尸荒野者。『目』则代表此类横死者之强烈怨念。

“瞋”（瞋）由“目”与“真”结合而成。“真”代表遭横祸曝尸荒野的人，此类人的魂魄带有强烈怨气，灵力可自其目发散而出。由于此字代表这种怨念，故有“愤怒”之意。此外，以怒目视人亦作“瞋恚”或“瞋目”。

填

tián

【填】

『真』指遭横祸曝尸荒野者，故此字象征将此类死者『填』入土中，是个代表借填埋镇住横死者强烈怨念的字形。

“填”（填）由“土”与“真”结合而成。“真”乃遭横祸曝尸荒野者，故“填”所代表的，是为镇住此类横死者的强烈怨念之“瞋”，须将死者“填”入土中。

自此，又衍生出“填埋、填充、填补”之意。

瑱 【瑱】

tiàn

由『王』（『玉』字旁）与『真』结合而成。代表将玉挂在死者耳上，以镇住其强烈怨念『瞋』。

“瑱”（ ）日文音读作“テン、チン”，日文训读则作“みみだま”（译注：此字亦可以汉字写作“耳玉”）。“王”为“玉”字旁，再加上代表横死者的“真”，象征将玉挂在死者耳朵上，以此镇住其强烈怨念“瞋”。

镇 鎮 【鎮】

zhèn

代表将横死者的强大怨灵埋入土中，或以玉挂其耳上镇魂的行为。

“镇”（ ）或许已无须再多作说明，代表的是以玉镇住横死者强烈怨念的镇魂行为。

从镇住怨灵的字义，又衍生出诸如“镇定”等代表军事性支配的意涵。

【慎】慎 慎

shèn

代表为横死者行镇魂仪式时应抱持的戒慎态度。

至于“慎”（），则是指在填埋其尸，或以玉挂耳以镇横死者之魂时应抱持的戒慎态度，故有“慎重”之意。

一如前文所述，“真”原本代表横死者，后来字义却有了转移，成为真理的“真”。这种字义的变迁，着实教人称奇。

在第三章“与【人】有关的汉字”中曾略加说明，古时的中国人以积极态度面对死亡，自其中发展出将死视为永恒的生死观。

《字统》中的“真”之一项引用了庄子的“有真人而后有真知” 与“谨守而勿失，是谓反其真”两句话。看来“真”的字义转移为“存在的根源”，似乎是拜庄子等思想家之赐。

颠 diān

【顚】

由『真』与『页』结合而成。『真』代表横死者，『页』则象征人脸侧面，故此字代表祭拜横死者。

与“真”有关的汉字为数众多，最后再介绍一个“颠”（）字。

这是个由“真”与“页”结合而成的字。“页”是个象征人脸侧面的字形，意为“脸”。从古字可以看出，这脸上戴有祭祀时佩戴的饰物。意思是此字并非象征单纯的脸，而是举行仪式时的脸。

“真”为横死者之意，“页”则为生者祭拜横死者之姿，故“颠”原为为横死者送葬之意。

自此又衍生出“颠踬、颠倒、颠峰”等字义。

第二十章 与【可】有关的汉字

汉字的起源，是为卜卦刻在龟壳或牛肩胛骨上的占卜文。这种卜卦，是将肯定与否定两种回答刻在龟壳等上，再加热使壳产生裂痕，借此判断答案是“吉”还是“凶”。

不过，大家想必要纳闷，若接连得到的答案都是“凶”该怎么办？

笔者曾就此向白川静先生请益。先生明快地笑答：“那么，就反复卜同样的卦，直到得到‘吉’为止。”

白川静先生表示，其实有许多龟壳刻有同样的卜卦内容。现代人求神问卜时会这么做，三千多年前的古人也没什么不同。思及至此，着实教人不觉莞尔。

必先以这种方式征询神明旨意，方能实际采取行动。倘若一直求不得吉兆，又希冀神明给予正面答案时，古代的中国人究竟会怎么做？

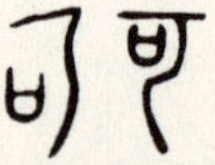

【可】可

kě

代表以树枝『丁』拍打盛装祈神祝告文的容器『口』（）的字形。

在这种情况下卖力祈神，甚至逼迫神明一偿人愿，其实与“歌”的起源有极深的渊源。

在说明与“可”有关的汉字的本章中将介绍的，就是这类与“歌”有关的字。其中最基本的一个就是“可”。

“可”（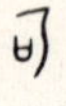）是个由“口”（）与“丁”结合而成的字。其中的“口”（）并不是“嘴”，而是指盛装祈神祝告文的容器。“丁”则象征树枝。

意即，“可”代表以树枝拍打装有祝告文的容器，逼迫神明使祈愿成真。

呵 hē

【呵】

意指以树枝拍打『口』（），迫使神明认可祈愿。

由于是以强烈手段迫使神明“认可”人的祈愿，故得“认可”之意。而神明对此回以“可”，故又产生了“可以、许可”的字义。“许可”本指神明对人的应允，而由于神明的许可代表“可行”，故又衍生出“可能”之意。

代表以树枝拍打，迫使神明认可祈愿的“可”，亦是“呵”的原字。

哥 【哥】 gē

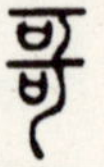

两个『可』重叠而成的字形。代表以树枝拍打祝告文容器『口』（）以求祈愿成真的过程中所发出的喊声。

而以树枝拍打盛有祝告文的容器“”、迫使祈愿成真时所发出的喊声，就是“歌”的源起。

“哥”（）为两个“可”重叠而成的字形。“可”代表以树枝拍打祝告文容器并出声“呵”叱，以求祈愿成真的过程中所发出的喊声便谓之“哥”。“哥”乃“歌”的原字。

诃 【訶】 hē

由『言』与『可』结合而成。代表以树枝拍打祝告文容器『口』（），逼迫神明使人祈愿成真时，将发『言』加长并添以曲调吟唱。

再介绍一个“诃”（）字。以祝祷逼迫神明使人祈愿成真谓之“可”“呵”，若将此时的发“言”加长并添以曲调吟唱，便谓之“诃”。“诃”亦是“歌”的另一个原字。

【歌】歌

gē

以树枝拍打『口』（），以迫使祈愿成真时所发出的呵叱声『哥』，加上象征一个站立的人开口呼喊的『欠』而成的字形。

至于“歌”（），则是由“哥”与“欠”结合而成。一如前述，“哥”指的是以树枝拍打“口”（），以迫使祈愿成真时所发出的呵叱声。“欠”则象征一个站立的人开口呼喊的模样。

逼迫神明使人祈愿成真时，可能为祈祷声添以节奏以利于吟唱，这种吟唱便谓之“歌”。白川静先生曾言，日语的“呗”这个字，与“拍”及“诉”也互有关联（译注：“呗”亦可写作“歌”，为歌曲、歌唱之意。日文读作“うた”，与“拍打”（うつ）、“申诉”（うったえる）的发音近似）。

由此可见，“歌”原指为祷告声添以法力，后来才衍生为泛指歌曲或歌颂等正面的字义。此外，“歌”还有个同义的别字“謌”。

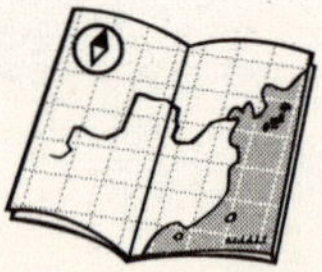

河

hé

【河】

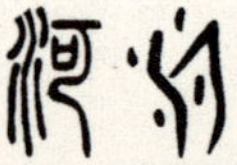

有一些古字里面并没有『口』（）。『丁』则象征树枝般的弯曲。再加上『氵』字旁，便成为一个代表黄河的字。

最后，再介绍一个虽与“歌”无关，但字形近似的“河”字。

从甲骨文等古字可以看出，有些“河”（、）字里原本并没有“口”（）。“丁”虽代表树枝，但树枝亦带有“弯曲”的意涵。中文字的“河”原本仅指黄河。黄河是一条多处河道有九十度弯曲的大河，其古字“”，便是个画出黄河蜿蜒河道的字。

只要摊开地图看看黄河的河道，便不难看出这条河的确与树枝的形状近似。

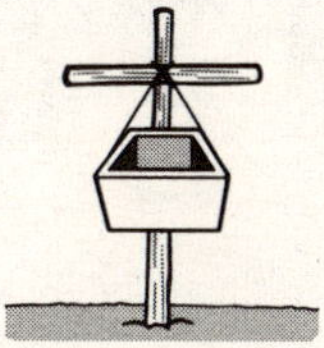

【才】

才 cái

代表在十字形标杆的交叉处挂上祝告文容器『ㅂ』的字形。
象征神圣的圣地。

第二十一章

与【才】有关的汉字

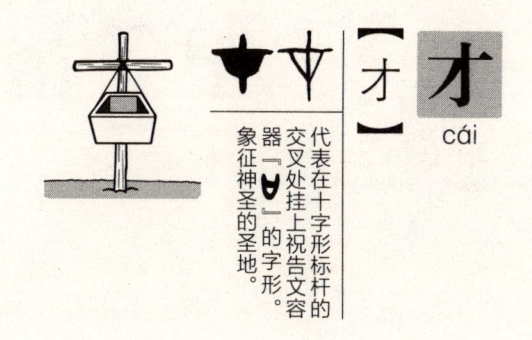

最后一章将介绍的汉字，是与白川文字学的一大重心“ㅂ”有关的文字。白川文字学的最大功绩之一，便是系统性地解读出这“口”并不代表“嘴”，而是盛装祝告文的容器“ㅂ”。

故此，理解本书中频频提及的“ㅂ”，乃是认识白川文字学体系的一个重要的关键。

本章将介绍的汉字，是由“ㅂ”与木杆、武器、车辆等结合而成的汉字。“ㅂ”之所以读作“才”，也与本章将介绍的一系列汉字息息相关。首先，就从“才”开始解释起。

“才”是个象征在竖立的木杆上加以横木以为标杆，并在其交叉处挂上祝告文容器“ㅂ”的字。

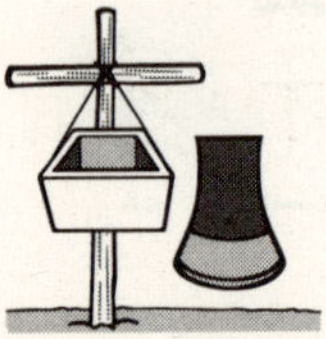

【在】在

zài

由『才』与『士』结合而成。『士』代表小型的钺的前端部分，为祭器。『才』添上此『士』，用意是标示出圣地所在之处。

其古字“”，象征的就是被悬挂在木杆上的“”。

竖立此类标杆，用意是标示出圣地的位置。树立标杆可为土地辟邪，将其净化成受神明支配的场域。就时间上和空间上，都带有净化的意涵。

而“才”这个字，也是“在”的原字。

“在”是由“才”与“士”结合而成的字形。一如前述，“才”意指在十字形的标杆上挂上“”。此字右下的“士”并非指土，而是“士”。从古字不难看出，“士”乃小型的钺前端的部分。可见此字代表的，是为祭器“才”添上小型的钺的前端以为守护，并借此标示出圣地所在之处。

自此衍生出神明“所在之处”的字义，后来又扩大为泛指人及其他一切事物的“所在”。

【存】存

cún

由『才』与『子』结合而成。代表将『子』带到立有『才』的圣地，以行净化之仪。

诞生于约3200年前的远古中国的汉字，还将象征圣地标示的“”冠在其他许多文字上。

首先，就是在此圣地标示上添上“子”的“存”（）。“存”由“才”与“子”结合而成，象征将“子”带到立有“才”的圣地进行净化，以确保孩童平安存活的仪式。

在祈求孩童平安长大的仪式中，这想必是最早出现的一个。因此便有了经过净化的事物“存有、存活、存续”之意。

常用的“存在”一词，原本所指也是被净化的事物的“存在”。

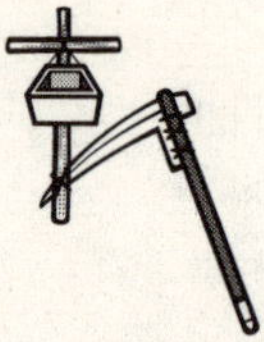

【𢦏】𢦏 zāi

由「十」与「戈」结合而成。「十」为「才」的变形，代表为「戈」挂上象征符咒的「才」。

【哉】哉 zāi

在「𢦏」下加上祝告文容器「𠙵」而成的字形。

接下来要说明的是“𢦏”。

这是个由“十”与“戈”结合而成的字。从其古字便可看出，左边的“十”其实是“才”。意即，这是个在“戈”上添加“才”而成的字。

所代表的，是为“戈”添上象征符咒的“才”，代表为“戈”进行净化，是一种发兵进军前举行的仪式。

因此，这个字有“起初”的意思，也成为了“哉”的原字。

含有“𢦏”的汉字为数众多，以下将介绍几个例子。

首先是“𢦏”加上祝告文容器“𠙵”而成的“哉”。前文提及“𠙵”本是“哉”的原字，故此字同“𢦏”，也有“起初、开始”之意。

载 zài 【載】

代表将象征符咒的『𢦏』载到『车』上的字形。

“载”是个由“𢦏”与“车”结合而成的字。一如前述，为“戈”挂上象征符咒的“才”以行净化的“𢦏”，代表的是一种发兵进军前所举行的仪式。

由此可见，加上“车”而成的“载”，乃指净化战车的仪式，同时也是即将展开军事行动的象征。将人“载”上车，乃发兵进军前的行为，后来这个字又扩大为泛指“运载”一切。

为“车”添上象征符咒的“才”，其实与我们在过年时为车挂上护符，在一年之始祈求行车安全的习俗颇为相似。

裁 cái

【裁】

由『𢦏』与『衣』结合而成的字形。代表开始『剪裁』布料或纺织品。

“裁”由“𢦏”与“衣”结合而成。前文也曾提及，“𢦏”有“开始”之意，故此字指的是开始剪裁布料或纺织品。后来又扩大到形容泛指一切的“裁判、裁决、裁定”等。

史 shǐ

【史】

代表手握标杆的交叉部分挂有祝告文容器『口』的『中』。

“中”为挂有“口”的标杆，以手（又）持“中”进行“祭”祀即谓“史”（史）。

在殷商时期，于庙内祭祖的祭典就称作“史”。后来以举办此祭典为业者亦以此字称之，而祭典的记录同样称为“史”，最后就演变成泛指“历史”。

“史”仅指于庙内祭祖的“内祭”。赴外地举行祭祀河川、山岳的“外祭”时，则须携带上端呈Y字形分岔，并挂有“中”的大型木杆。持此法器者便称为“使”。所谓使者，指的即是举行外祭的人，后来又衍生出“使用”一切人或物的意涵。

【使】 使

shǐ

右端为上端呈Y字形分岔，并挂有『屮』的大型木杆，故本字所指，是持此法器出使外地的『人』。

在古代的中国，王朝以掌握祭祀权的形式施行统治。殷商时代祭祀疆域周围的河神或山神时，由于这些地方为殷王朝所辖，故祭祀也由其举行。在甲骨文中，仍可找到古人将山神、河神加入殷商神话内的痕迹。

殷商似乎也曾不时派遣专司祭祀的“使者”出使山岳圣地，或其他臣属民族的土地。

事 shì

【事】

古字由『史』与『旗帜』结合而成。代表『国家举办的祭典』。

至于“事”字，从其古字“”便可看出，乃是由“史”与“旗帜”结合而成的。在“事”的古字中，可以看到上端呈Y字形分岔的木杆下端，系有一面飘动的旗帜。

国家举办的祭典就称为“事”，或称“大事”“王事”。接待殷王遣来的使者举行“大事”，便等同于向殷王表示臣属、服从。自此衍生出“治事”（译注：日文“治事”读作“まつり”，与“祭”同音）或“服事”之意。

现在，再回到前文提及的“口”（）。

本书一再解释，“”代表的是盛装祝告文的容器。“可”“各”“兄”“哉”“哀”“器”等汉字里，都有这个“”字。

在白川静先生创立其文字学前，这些字里的“口”，多被解读为“嘴”。

举例而言，被誉为汉字圣典的大作《说文解字》中，对“告”字作如此解释：

由本字的字形看来，代表的是“牛触人，角箸横木，所以告人也”（译注：牛将嘴凑向人，以向人作控告）。

但白川静先生断言，此类解释不过是“俗说”。

告 gào

【告】

代表将祝告文容器『ㅂ』悬挂于树枝上，以告祭神明的字形。

从“告”的古字可以看出，此字所象征的，是小树枝上挂有祝告文容器“ㅂ”，代表将祝告文容器悬挂于树枝上，以“告祭”神明。

《说文解字》之所以有此谬误，乃是由于作者许慎在撰写该书时，尚不知有汉字诞生初始的甲骨文、金文的存在使然。

在研究为数庞大的甲骨文与金文后，创立崭新的汉字学体系的白川静先生认为，含有“口”的汉字为数甚多，但在古字里，没有一个是以“嘴”的字义构成的。

后记

笔者与白川静先生初次会面，是在向先生请教关于“右”“左”“寻”“友”等与“手”有关的字形时，当日白川静先生将甲骨文一一写在图画纸上，向笔者解释了这些字之间的关系。当时的光景，笔者至今仍难以忘怀。

解说汉字时，当时已年届 92 高龄的白川静先生的神情是如此欢欣雀跃。即使已解释过这些汉字数十回、数百回，甚至数千回，白川静先生的热情依然未减分毫。

每当笔者的理解追不上其解说，先生亦乐于举其他汉字为例作辅助说明，非但没有半点厌烦，还不忘积极鼓励笔者。对解读汉字之谜常年不变的好奇心，随他的兴奋之情溢于言表。

记得笔者当时深受吸引，这才发现“原来汉字如此有趣”，就这么开始了为本书奠定基础的连载企划。当时白川静先生赋予笔者的能量，甚至支撑我一路走到了今天。

“兴趣”是“学习”的原点。初次见到白川静先生时，这位“现代最后的硕学之士”就曾向笔者表示，自己也是在年轻时的某一时刻突然认识到“汉字真是有趣”，而当时的认识，至今依然鲜明地活在他的心中。

透过本书了解白川静先生的汉字学体系后，许多读者想必要质疑“学校怎没这么教过？”白川静先生对汉字所作的系统性解读是如此有趣，只要接触过一次，便能将这些汉字深深烙印在自己的脑海里。而且，由于不同的汉字之间实有密切关联，以此方式学习，还能一口气理解一系列相关的文字。

“汉字并不难，无须一一牢记。”——白川静先生常如此表示。且一如先生所言，这种学习的确能让汉字自然而然地进入大家的脑海里。笔者由衷期盼，各位读者在理解汉字的体系后，不仅得以想象远古的中国社会是个什么样的风貌，对与古中国十分相近的日本文化也能产生浓厚的兴趣。

此外，今年（2006年）适逢昭和二十一年（1946年）11月当用汉字表（译注：日本在战后采用至今的简体汉字）发表60周年。透过白川静先生的研究结果，本书也具体指出，这场改革虽然催生了许多新汉字，但其中有不少是在对原本的字义欠缺了解的情况下改订的“错误汉字”。

文字乃文化之基础。白川静先生在《字统》中写道："个人认为，大家应为活在这不得不与错误妥协的时代感到羞愧。"对此，笔者深有同感。

本书内容原为供小学生、中学生、高中生读报学习的 NIE（Newspaper in Education）中的连载专栏。笔者努力将之整理成不仅是成人读者，连小学生、中学生、高中生们也易于理解的读物。同时，也介绍了许多连成人也不知道的汉字惊奇世界。

若对本书的内容有兴趣，建议各位读者也能拨冗一读白川静先生所著的《字统》《常用字解》，以及记录先生一系列演讲内容的《文字讲话》（全四卷）（均由平凡社出版）等大作。

白川静先生于今年（2006年）10月30日辞世，享年96岁。当时，笔者正在为本书内容做最后整理。

今年夏日，笔者曾致电白川静先生位于京都的住处，为本书内容请益。孰料这竟成与先生的最后一次联系。白川静先生当时一句"今夏未安排任何计划，欢迎您来玩玩"至今仍犹在耳际。犹记言谈之间，白川静先生仍一如往常，嗓音中气十足，语气和蔼亲切。

听闻先生如此邀约，笔者先是打算再次造访先生，多听些汉字故事。但想到先生已是健康微恙，却仍为汉字学研究卖力钻研到人生最后一刻，又不忍心耽误其宝贵时光。两种心情，着实在笔者心中交战了好一阵子。

在此，向总是亲切有礼、满怀热情、不时掺杂几许幽默地教导笔者汉字系统性逻辑的白川静先生致上最深的敬意与谢意，并祈求先生的在天之灵得以安息。

2006 年 11 月 5 日

小山铁郎